黎明之前

大公报里的世态与时态

张刃 著

中国工人出版社

图书在版编目（CIP）数据

黎明之前：大公报里的世态与时态 / 张刃著.
--北京：中国工人出版社, 2021.12
ISBN 978-7-5008-7794-3

Ⅰ.①黎… Ⅱ.①张… Ⅲ.①中国历史—研究—1945-1949 Ⅳ.①K260.7

中国版本图书馆CIP数据核字（2021）第237146号

黎明之前：大公报里的世态与时态

出 版 人 王娇萍
责任编辑 董 虹 陈晓辰
责任印制 栾征宇
出版发行 中国工人出版社
地　　址 北京市东城区鼓楼外大街45号 邮编：100120
网　　址 http://www.wp-china.com
电　　话 （010）62005043（总编室） （010）62005039（印制管理中心）
（010）62004005（万川文化项目组）
发行热线 （010）82029051 62383056
经　　销 各地书店
印　　刷 北京盛通印刷股份有限公司
开　　本 880毫米×1230毫米 1/32
印　　张 9.125
字　　数 220千字
版　　次 2022年2月第1版 2022年2月第1次印刷
定　　价 52.00元

致读者

1945年8月，日本宣布投降，中国人民艰苦卓绝的抗日战争取得了最后胜利。胜利后，国人期盼和平、建设，然而，国民党坚持一党独裁，和平无望，仅仅十个月后的1946年6月，就爆发了国共全面内战，即解放战争。这是一场决定国家前途、民族命运，使得中国历史发生根本转折和国家政权更迭的战争。

在这一历史过程中，当时国内最具影响力的报纸——大公报，站在“观察者”的角度，对于战局演变、社会动荡、经济凋敝、民生困苦作了即时报道、记录，同时配发了诸多时评、言论，成为研究、认识那段历史的重要参考资料。

呈献给读者的这本小书，是笔者所写大公报关于那段历史记录的第三本。此前已有《北平电话》《东北专电》两册出版，前者以当年大公报北平办事处记者报道为线索，后者以当年大公报常驻东北特派员报道为主干，分别记述了日本投降到北平和平解放、东北接收到辽沈战役结束的历史场景。这本《黎明之前》记述的则是同一历史阶段（下限延伸至1949年6月，上海大公报发表《新生宣言》）更多地方更多方面情势，内容仍以大公报报道为主，以期在更广泛的地域、层面、领域重温那段历史的媒体记录，帮助读者从一个侧面了解当时中国之所以发生历史转折的种种缘由。

需要向读者说明的几点：

其一，大公报是民营报纸，奉行“同人办报”，以“文章报国”“文人论政”影响舆论，其记者、编辑的报道角度、评论观点虽然自诩“中间立场”，但在两种“中国命运”的决战中，却又不能不表现出各自不同的政治倾向。而且，由于各版（天津、上海、重庆、香港）主持者不同而倾向亦有差别，需要今天的读者识别与辨析。

其二，由于内战期间影响大局演变的政治、军事、经济、文化动态主要集中于平、津、沪、宁、渝等大城市以及东北、华北地区，大公报在各地投入的采访力量不同（在中共解放区则没有记者），报道分量亦有轻重、疏密之别，本书记述主要集中于上述各地，而且大多只是大公报“一家之言”，还请读者明晰和理解。

其三，本书涉及北平、东北的内容，除必要或增补外，不与此前已出版的两书重复。增加评论引述，是因为面临历史转折，可以看出大公报立场的逐渐转变。

其四，本书引述的大公报报道及评论，部分文字有删节，主要来自大公报天津版，引自上海、重庆、香港各版的内容做了必要标注。

由于笔者水平、能力有限，内容错讹难免，恳请方家、读者批评指正。

张刃

2020年秋于北京

目　录

第三章　转折之年（1947）

第四章　国运决战（1948）

第一章　胜利之初（1945）

历史迈入1945年，世界反法西斯战争胜利在望。

5月，苏军攻占柏林，德国希特勒政权覆灭。

6月，日本本土已经完全被美国海军围困，并且遭到美国空军“天火”式的轰炸，人民死伤无数，建筑被毁无数，日本大地哀鸿遍野。

7月26日，中、美、英三国同盟发表《波茨坦公告》，要求日本无条件投降。

8月6日，美国在日本广岛投下第一颗原子弹；8日，苏联对日本宣战；9日，百万苏联红军进攻盘踞在我国东北的日本关东军；同日，美国第二颗原子弹投到了日本长崎，导致日本15万人丧生。10日，重庆大公报发表社评《大时代展开了！》，预言抗战胜利。11日，东京广播，日军已取消一切军事行动，中、美、苏、英四国宣布接受日本投降。14日，美军大批战机再次轰炸日本，苏军直驱伪满“首都”长春。15日中午，日本天皇向全体国民广播“停战诏书”，宣布向盟国投降。

『漫卷诗书喜欲狂』

日本投降的消息传到战时陪都重庆，已是15日傍晚，美国记者白修德记录了当时他看到的情景：“此时的重庆像往常一样，正按部就班地进行着日常生活。城区内，母亲已经把小孩安置在床上；嘉陵江边，许多青年人正在散步纳凉。这时，收音机里传来了胜利的消息。马上，这个消息从一部电话传到另一部电话，从一个朋友传给另一个朋友。突然，整个城市爆发出一片欢呼声和爆竹声。起初，爆竹声还是分散地、零星地响着，但还不到一个小时，整个城市就变成了一座巨响和狂欢的火山。”另一位美国记者安娜·雅各布写道：“……一些人站在公共汽车顶篷上欢呼着，挥舞着旗帜。汽车前部的挡板上、发动机盖上，十几个人紧紧地挤在一起。军用卡车也汇入了这片人海，游行的人们点燃了火把。中央社来不及印出号外，就在通讯社外面的墙上贴出巨幅手写标语。”

上海，国际饭店顶楼升起全市最高的一面国旗，成千上万的人仰头致敬，人们自发地上街游行，欢呼中华民族的解放和胜利。

延安，欢呼声从各处发出，人们互相拥抱，互相抬起来抛掷，有的人还把破棉袄里的棉花沾上火油当火炬，奔走庆祝。

此刻，大公报记者张高峰正随重庆民生轮船公司新改装的“民联轮”初航采访。船靠泸州时，传来了日本投降的消息，顿时全城沸腾，乘客狂欢，码头上一位卖橘子的老汉，高兴得逢人就说：“日本鬼子投降了，我那当兵的儿子也该回家了！我请大家吃橘子，不要钱！”

民生公司在船上举行了盛大茶会，总经理卢作孚先生接受采访时感慨地回忆说，抗战以来，民生公司为战时运输全力以赴，抢运各类人员150余万，物资百余万吨，损失船只17艘，牺牲职工百余人。特别是1938年秋，武汉失守，国府西迁，大批撤往重庆的人员和内迁工厂的物资，屯集在入川必经的宜昌，一时不能及时启运，又不断遭到敌机轰炸。民生公司集中全部船只和员工，采取分段运输、昼夜兼程的方式，冒着敌人的狂轰滥炸，历时40天，终于在宜昌失陷前，将全部屯集的人员和物资抢运进了四川，为抗战、为国家保护了大批人才，保存了工业命脉。这次中外瞩目的抢运行动，被誉为中国的“敦刻尔克大撤退”。卢作孚先生说，抗战胜利了，希望大家努力和平建设，也使中国的造船业能有一个大发展。他对国家、民族和事业的未来充满期待和希望。

8月15日，重庆大公报以临时木刻特大字号（每字高5公分，宽6公分，占半版多地位）刊出头条标题：日本投降矣！同日，大公晚报的标题则是：日本惨败！中国惨胜！比较而言，前者直白有力，后者令人深思。

8月16日，大公报发表长篇社评《日本投降了！》，开篇引杜甫诗句：剑外忽传收蓟北，初闻涕泪满衣裳。却看妻子愁何在，漫卷诗书喜欲狂。白日放歌须纵酒，青春作伴好还乡。即从巴峡穿巫峡，便下襄阳向洛阳。欢欣之情，跃然纸上。社评说：“日本投降了！抗战结束了！在八年苦战之余，得见这胜利的伟大日子到来，我们真是欢欣，真是感激，在笑颜上流下泪来！……近百年来，尤其自甲午战争这五十年来，中国受这个后起邻邦的侵略压迫，真是耻辱重重，记不胜记。……今天，豪强半世纪的日本失败了，海陆空三军解甲投降了。勃然而兴，厥然而倒，其命运正如日本的樱花，开时极为绚烂，极盛时便倏然凋谢。”

同日，各报都报道了蒋介石电邀毛泽东到重庆“共商国是”的消息，但对于毛泽东是否能来重庆，当时的舆论莫衷一是。8月21日，大公报发表社评，向各界提出“一点希望：大家既然都希望毛泽东先生能够即来重庆，就先要保持一个能使毛先生到来的空气与环境，凡是可能刺激感情的言论与宣传，各方面都应该持重莫发。”

与大公报期盼欢迎毛泽东来渝和谈形成对比的是，国民党的《中央日报》并不看好毛泽东能够成行。其总编辑陈训余说：“双方距离这样远，共产党的态度这样坚决，怎么会来谈判嘛！”总主笔陶希圣则明确表示：“共产党拒绝谈判，我们更有文章好做。”因此，《中央日报》遵照“上峰”指示，“不要替共产党制造声势”，对毛泽东来渝谈判，一不写专访，二不发社论，仅在国内要闻版刊载了中央社几十个字的新闻通稿。

大公报热盼毛泽东来渝进行国共谈判，是因为它真心诚意地希望战后中国能够实现和平、民主、团结与统一，避免内战和分裂。早在抗战胜利之前，面对国共之间此起彼伏的摩擦，大公报就曾经连连发出反对内战的警告。1945年6月13日，大公报发表社评《胜利逼人》，强调必须用政治解决之路解决国家的统一与团结，“希望朝野上下，全国一致，都要有一个坚决的概念，就是：反内战”。8月

3 日，大公报社评中再次强调："我们绝对反对内战。"正因为大公报是在为内战再起的担忧中迎来抗战胜利的，所以，它在战后之初就把呼吁和平、民主、团结与统一的意愿突出地展示在版面上。

1945 年 8 月 28 日下午，毛泽东、周恩来、王若飞来到重庆。29 日，大公报在要闻版头条位置，破例刊登了一幅自行制作的毛泽东木刻头像，在当天的社评中，对国共和谈的赞许、欣喜之情更是溢于言表："毛泽东先生来了！中国人听了高兴，世界人听了高兴。无疑问的，大家都认为这是中国的一件大喜事。"

重庆谈判期间，大公报每天的要闻版都有关于和谈进程的报道，且无论标题、内文，始终用的都是"团结商谈"字样，对于国共两党代表的公开发言、社会各界的不同凡响，都做了详尽报道。

9 月 20 日，毛泽东应邀率周恩来、王若飞等出席了大公报的欢迎宴会。正是在那次宴会上，发生了王芸生向毛泽东提出"共产党不要另起炉灶"，毛泽东回答"不是我们要另起炉灶，而是国民党的灶里不许我们造饭"的那段对话。

同样是在那天，毛泽东为大公报写了后来广为流传的"为人民服务"的题词。正是听了毛泽东的谈话，大公报才越发致力促进团结统一，呼吁避免内战。

经过 43 天艰苦、复杂的谈判，国共双方于 10 月 10 日正式签署会谈纪要，史称"双十协定"。大公报发表社评《团结会谈的初步成就》说："我们实在对团结会谈太关切了，也太瞩望了，所以此刻读到一字一句的正式发表，只觉有极大的希望，而不必轻下断语。"

后来的历史证明，蒋介石邀请毛泽东到重庆，是他发动内战前的"缓兵之计"，并无和谈诚意；而毛泽东亲赴重庆，赢得了舆论和道义上的先手。

伤残与编遣军人

抗日战争艰苦卓绝，为抗战胜利做出了巨大牺牲的军人们本可以“荣归故里”了。然而，并不是每个人都那么幸运，特别是那些伤残军人。

1945年9月，大公报记者张高峰专程到坐落于四川乐山青龙嘴镇的荣军第一盲残教养院采访，回来写成通讯《我们都瞎了！》，开篇就写道：

这里有五百多个瞎了眼睛的人，甚至连腿也断了。人身上的器官残缺以后，生活上必有许多痛苦，如果再没有适当的工作和娱乐来调剂这苦闷的生活，他们的性情可能会反常，会动手打人，开口骂人，还希望一天到晚有个女人陪伴。

街头川流不息往来的盲军，脸上没有血色，牙齿是黄褐色的，每人都穿着一套不合身的灰军装，头上放着一顶偷工减料做成的小帽——因为太小，只能放在头上。他们人手一根竹竿，“笃、笃”地走着。附近有个茶馆，盲军三五成群地围着谈天，有时一阵哈哈声，却令人可怕。与其说他们是在大笑，不如说他们是在大哭。瞎了眼睛的人，有说不尽的痛苦！一天到晚，五百多个盲军，就这样荡来荡去，游手好闲地瞎活着，没有半点正常的事情做。

荣军院是一所西式平房院落，周围有绿树，院中有鲜花。从外表看，足能给路过或参观的人留下不错的印象。然而，它的光鲜背后，却是种种凄惨。

记者走进了盲军的寝室。他们睡的全是木板炕，有几个正病着，腰间盖着一层薄军毯，躺在炕上呻吟。荣军院没有医药给他们治病。

两个盲军瞎着眼在屋里谈天，向他们打招呼后，他们很惊奇地站了起来，连忙请我坐下。一位河南籍的盲军还从军毯边摸出一根香烟来招待我。他说，我是两年来第一位进院来访问的外人。他们都显出很兴奋的样子。我们谈话的时间长了，闻声而来的人也多了，似乎每个盲军都有与外人谈话的兴趣和欲望，他们的生活实在太单调了！

这里的一千多只眼睛已瞎了四五年了。凡是中了敌人催泪性毒气的，不出十天眼睛就会瞎的，从此他们就进入了一个永远看不到太阳的黑暗世界。只有耳朵，又难得听辨出是非与善恶。有的甚至失足断腿。这样的人生还会有多少乐趣？

盲军的生活十分清苦。上等兵的薪饷是每月法币 60 元，一等兵 55 元，二等兵 50 元，此外有特别费 50 元，菜金 45 元。每人每天 25 两米（旧制 16 两一斤），连一天三顿饱饭都很难维持。“谁还愿意活下去?!”他们几乎异口同声地说。

吃不饱饭，院里又不能组织他们从事生产，贴补生活，于是有人约几个朋友，凑点本钱，到附近乡间做点小买卖。但是，一群瞎子总不免会被睁眼人骗了，做生意血本无归，又扶着那根老竹竿空手回来。

院里虽有一块待开垦的农田，连自己的青菜都供应不了。前些天，因为有人偷挖了附近老百姓的青菜，一群瞎子被打伤了四个，还要被丢到河里去。盲军问："先生，我们还是人吗?"我一时窘得无法回答，只感到对他们有无限的惭愧。

记者带着辛酸、惭愧，走出他们的房间。临别时，十几位盲军向着我声音的方向行礼告别，其中一位还叮嘱一句："先生，请在报上写写我们的艰苦情形!"记者默示以无声的回答。以后便自己围绕着院子内参观，见有一座礼堂，里面没有板凳，墙上挂着孤独的国父遗像。据盲军说，那里一年到头也没有过活动，戏剧和音乐也从来没有进过教养院的大门。院里还有阅览室，门上一把大锁，想来里面也不会有什么书籍，即使有，对于一群盲军来说也等于虚设，或可称为"装饰"。瞎了眼的人，需要的是真正有用的东西。凡是看不见、用不上的，在他们都认为是假的。假的东西愈多，他们愈苦闷。苦闷极了，不免要去发泄，因此，盲军打人骂人捣毁商店的事，常在五通桥附近发生。

伤残的盲军生活艰难，编遣复员的军人失业也成了问题。

1945 年 10 月，重庆民生路关帝庙附近经常有三五成群的军人出入，他们衣衫褴褛，面有菜色，一副穷困潦倒的模样，并且明显营养不良。那都是日本投降后，因部队编遣而失业的军官。因为十之八九是外省人，编遣以后无处谋生，所以都奔陪都重庆而来，而且愈集愈多。他们有的携带家眷，有的孤苦漂泊，终日无所事事，关帝庙内的茶馆成了他们临时集会的地方。

某日，大公报记者张高峰走进了关帝庙，探访这群流离失所的抗日军人。

一位出身军校的失业军官知道记者来访，迎头就说："我们抗战八年，打败了鬼子，却抗掉了官职，抗碎了饭碗。这是什么道理？！"悲愤质问的背后，是他们面临的困境：没有工作，衣食无着，甚至连住处都没有。在重庆沿江码头的趸船上，较场口的小饭摊，磁器口的街头，都可以看到他们失落、无助的身影。

他们自发组织了一个失业军官登记处，分军校毕业与行伍出身两类，互相联系、帮助，目的都是请求政府救济。据说，政府本来定有救济办法，先由军校毕业生调查处登记，审查学籍，再到铨叙厅[①]交验证件，核定军阶后造册，最后由军委会军官总队收容。但是，登记开始后，已有千余人申请了，需要的证件也交验了，却再无下文。失业军官们饿着肚皮，等待着遥遥无期的军阶核定。

记者问："军阶核定很难吗？"他们说："铨叙厅必须要军委会的任职命令，没有命令的不予审核。那些官老爷就不替我们这些打仗的人想一想，战场上连长阵亡了，排长马上奉命升调或代理；排长阵亡了，班长也是如此。一次战役下来，许多调升的军官，往往是接到长官的一个电话就任职了，这在战场上是常事。况且，我们都是营、连、排长之类的下级军官，哪里会有军委会的任职令？！"

---

① 国民党军的正式军衔由军事委员会铨叙厅根据职务、资历、学历、战功等情况综合考虑，由铨叙厅正式叙任，并由国民政府颁发任官状的军衔。

比起军校毕业的军官，失业的行伍军官们命运更苦。这些自幼扛枪打仗的人，基本没有什么文化，有的连自己的名字都会写错，想给上峰写个呈文，还要请人代笔。他们又比较老实，很少会请愿之类。尽管他们自行登记的已有五百多人，也希望得到政府救济，可是开了几次会，却什么问题也没有解决。

张高峰写道："记者对那些失业军官寄以同情，更替政府感到惭愧。因为，不管他们曾经是否流过血，负过伤，政府总得承认他们为国家当过兵，抗过战。今天抗战胜利了，却是他们流浪、求乞的开始，这无论如何是政府的耻辱。"

失业的不仅有军人，更有许多工人。

抗战胜利时，整个后方工业界由于连年战乱已经变得奄奄一息，数以千计的工厂停业、倒闭。重庆大公报连续报道工业萧条，工人失业的消息：

10月4日，社会局龙局长文治昨对记者谈称：近因工业界之不景气，各厂工人停工解雇，渝市将有大批工人失业。据估计，目前已被解雇之工人已不下数万人，渠等现仅以各厂之遣散费维持生活，时至冬季，情形将更趋严重。工业界对目前生产之困难，虽经一再呼吁救济，然迄未获妥善解决，目前已获紧急工贷之厂家仅一百零七家，未获工贷之厂矿尚有二百余家。一部分厂矿因不及等待政府之救济，已纷纷停止生产，解雇工人，结束业务，因而已有多数工人失业。

10月5日，工业界代表胡西园、李烛尘、吴羹梅等七人，昨日分向行政院、生产局、社会部请示各工厂因生产减产而解雇之工人救济问题，并提出两点意见：一、被解雇工人之遣散费，应按照欧美各国先例，由政府负担。二、取消战时解雇工人应得社会局批准之规定，恢复自由解雇及雇用办法。

10 月 8 日，战时劳工协进社于昨日上午举行工人失业问题座谈会，参加者有各工会代表及各业失业工人二百余人，讨论后提出五项意见，贡献政府：一、安置失业工人工作，二、制止停厂，三、举办失业工人登记，四、紧急救济失业工人，五、负责准备工人复员。最后产生工人请愿团，计各业工人代表十七人，并邀请全国性劳工团体、本市总工会及未到之工厂公司失业工人分派代表参加。

10 月 23 日，渝市被解雇工人请愿团邀请有关机关及各界人士共同组织募捐委员会，发动募款，救济目前在渝之失业工人。该团为协助政府调查失业工人确数，将分别设立五个登记站办理登记，俾将来救济时有所依据。

10 月 27 日，工人失业问题日趋严重，经登记之失业工人已达五万余人，且仍在增加中。工人请愿团议决邀请市政府，市党部、卫戍总部、宪兵司令部、善后救济总署、市商会、市参议会、妇女会、青年团、报联会及各工业团体等，合组“陪都失业工人救济金劝募委员会”，进行劝募事宜。

抗战期间，大批沿海工厂的企业家和员工抛家舍业，历尽千辛万苦内迁到西南大后方，坚持生产，支援抗战，做出了重大贡献，本来希望从胜利后敌伪资产的接收中得到一些补偿，而国民党政府却对后方濒临破产的民营厂家毫无关照，怎不令人寒心！

1945 年 10 月月末，已是深秋时节，重庆街头许多士绅、淑女已经穿上了冬装，但更多的穷苦人却瑟缩着身子，穿不上棉衣。大公报记者就此采访了棉花市场。

那年，重庆的棉花价格一路高涨。因为复员开始后，大批抗战时内迁的人员，困守西南八年，急于还乡，更有接收人员赴任，加之所携物资，一起涌向仅有的水陆通道，交通工具明显不敷使用，民生所需的棉花自然难得及时运到重庆。

四川的棉花一向来自陕西与湖北。抗战时期，政府对花纱实行统制，专运专卖，供应还不致断档。从 1945 年 10 月开始，虽然取消了花纱统制办法，棉商们可以自由买卖了，却又缺乏了运输工具。

靠陆运的陕棉，由宝鸡驮到广元，最少需半月，多则一个月，这势必赔本的生意已经无人问津。陕西的棉农们只好忍痛任棉花腐烂在田里。记者问棉商："多少收购一点来卖，不是总比腐烂了要好吗？"棉商说："先生，你哪里能算出这里面的损失。现在陕棉压价都没有人收购。水花三斤才得干花一斤，如果收下来卖不出去，再加上收割的工费，岂不干赔本？"记者问："今年冬天重庆会没有棉花卖吗？"棉商说："那倒不会，已经有许多棉商到湖北去收购了。而且，过去囤积的棉花也开始上市了，只是价格要贵些。"如此说来，在只有一条水路可以运棉，而且运输力量有限的情况下，重庆市场棉花不至于断供。不过，那又只限于"有能力"购买的人群。

大公报报道最后说："湖北的棉花四五百元一斤，重庆却已经卖到九百元了。这样的高价，对阔人来说不过是一张钞票的事，而穷人身上却实在负担不起这张'纸'了。抗战胜利第一年的冬天，重庆的穷人们却要向瑟瑟寒风递降书了！"

『复员』汉口、苏州、南京

1945年秋，重庆朝天门码头上人群涌动。七年前，这里曾经是逃难西迁人潮的涌入口岸，如今又成了抗战胜利后复员、返乡人流的汇集场所。彼时，人们的脸上布满了惊恐；此时，人们的心里却是五味杂陈。

在重庆的许多商店前，“欢庆胜利”的布标旁就是“挥泪大甩卖”的广告，但却难得有顾客留步。嘉陵江边的化龙桥一带，急于还乡的人们在摆地摊叫卖带不走的东西，但令他们失望的是，尽管贱卖也往往并不能换来需要的路费。

随着返乡人潮的出现，飞机票、船票、汽车票都紧张起来，不出高价，没有“关系”，很难弄到一张票。叶圣陶先生在当年的《东归江行日记》中写道：“乘木船出川完全是不得已。飞机、轮船、汽车都没有我们的份儿，心头又急于东归，只好放大胆子冒一冒翻船和遭劫的危险。……船主与棹夫议工价，摊钞票若干叠于船头……结果，每一棹夫得工价二万八千元，到宜昌。自此与重庆别矣。”

经过18天的水路，叶先生抵达长江的重要中转站宜昌。“然宜昌市屋十去八九，系为寇兵拆去充作燃料，故皆留屋顶墙壁。碎瓦颓垣之处亦颇不少，不知因何而毁……”大量返乡人员拥在码头河滩、街头巷尾，一时间宜昌人满为患，食宿和交通极端困难。令人惊讶的是，街头站岗放哨的竟然还有荷枪实弹的日本兵！

大公报记者子冈是幸运的。由于政府复员回南京的安排中，“新闻界有优先权”，大公报在行政院派遣的战后东下第一班船“民联轮”上分配到15个三等舱位，她和曹世瑛等得以顺利登船。

“民联轮”原是美孚公司的油轮，经民生公司收购，改装蒸汽引擎，并加长十米，是当时川江轮船之最。这艘船原定载客845人，由于需要附运数百吨煤、盐、粮，以及各机关的公物与行李，船只负荷过重，减为搭客500余名，都是政府机关人员和新闻记者。9月15日开船，19日下午到达汉口。

子冈对汉口别有一番感情。1937年，她在这里加入大公报；1938年，她和同为大公报记者的丈夫徐盈，在这里秘密加入中国共产党；同年冬，他们又离开这里去了重庆，一去七年。她在通讯《回到了汉口》中情景交融地写道：

还乡的体验是激动的，也许这还不是家乡。当江面上可以望见一些挂了白旗的日本小型兵舰的时候，当栉比的屋舍出现了的时候，当蛇山的峰峦在秋阳下作午睡的时候，民联轮上的乘客们情不自禁地倚栏微笑，有人心酸，有人举手跷脚，有人寻找着黄鹤楼的巍影。老武汉人发现日本喜欢红色砖楼，有不少建筑是涂成了那个触目的颜色，就在黄鹤楼两边也添了不少日本情趣。

按照约定，子冈他们乘坐的这第一班“复员”轮船，由投降的日本兵舰从城陵矶远迎到武汉。（当时集中在汉阳的日军还有20万人）日舰在前面引水，船上挂着一面中国旗，一面日本旗，一面日本海军旗，“他们似乎是故意把中国旗悬得很低，作一种无可奈何的报复”。

民联轮从重庆出发时，盛传汉口将举行盛大的码头欢迎仪式，因此船上准备好了各种布幅标语和口号。但出乎意料的是，船进江汉关，人们在甲板上首先看到，却是五六个日本兵，中国孩子们向他们吼道：“滚蛋！滚蛋！”他们赶走了日本兵。岸上负责接应的人只好跑到码头附近，临时召集了一些在那里等待揽工的苦力、车夫、洗衣妇、穷孩子作“啦啦队”，才算应付了一下场面。子冈写道：

“九一八”日军在汉正式投降，报纸上对受降典礼颇多渲染，但事实上日兵的炎威似乎尚未稍杀，枪和刺刀依然随时带着，不过对于中国人民不再威吓就是了，有的坐了黄包车在马路上飞驰。傍晚，日兵们在河岸上洗澡。入晚，江汉关里的日本军官们还在弹琴作乐，琴音传到船上。我们的接收人员多么不够，很多汽车和三轮卡仍在由日本司机驾驶，坐的是我们的军政人员，有人担心会因此损失多少战利品。

我们从甲板上跳下来，没有人可以拥抱，没有人可以相对注视，只是一种孤独的欢欣之情。走过长长的破烂跳板，这才看到了我们的人民，他们在欢迎我们。尽管也许是顺便欢迎，但他们确实是笑了的，而且笑得相当苦啊！

我们的人民：乞儿、在江边污水里淘气的肮脏孩子、拾垃圾的人们、小贩、苦力、黄包车夫、左近的过路人……我望了几眼他们的面孔，在穷愁病苦中，泛出一点天真无知的微笑。除了力夫向我们要箱笼提，除了黄包车夫要找坐客，除了小贩想销一些并不合这些贵客们口味的平民化的零食，他们还要求这些回来的人们替他们做些什么呢？他们有没有意思要脱离穷愁病苦的大海呢？

在他们一些天真烂漫的“好好好”的迎呼声中，我挤进了他们的重围，又冲出了重围。我脸红，我害羞，我要落泪，我真不好意思像英雄似的大踏步向他们走近，说是我们光荣地凯旋了。是的，有人曾说，日本人在七年来蹂躏了他们，在沦陷区撒布烟赌嫖毒的种种法西斯细菌。然而我仍然没有忘记：在抗战以前，我们的人民也并不是大多没有穷愁病苦，而且在自由区也还是有大量的人民在这四个字之中打滚。

我挣脱了好心的拉生意的力夫、车夫们，走在江汉街上了，一直下去，乱转一些巷子。江汉关上钟声朗朗，有一半以上的店家没有开业，开业的门口贴了欢迎国军盟军、庆祝凯旋胜利的红纸条。本报旧址汉润里宝润里早已面目全非，一家门面变成了医院，一家变成了商店。

盟机及我机轰炸的痕迹比比皆是，车夫们向我们诉苦：“好危险啊，我们躲也没处躲，炸的老百姓多，日本人很少！死的人真不少哩！你看！”洋楼炸了的确实也不少，邮政局也炸了烧了几处。

子冈到武汉的那天，也是那里恢复使用中国政府发行的法币的第一天。民联轮的五六百人手里的法币折算成贬值的伪币，给汉口带来了“繁荣”——伪币折价纷乱之极，此前曾到过一百元法币折合两万多伪币的价格，尽管连日来一跌再跌，跌为一百折合一万五千，重庆来客依然觉得自己“财大气粗”：

马路上做这种兑换生意的小商人多极了。小市民们似乎在尽量消耗伪币，在小摊子上买些粗布。猪肉一百六法币一斤，米四千一石，麻油百元一斤……重庆人也许认为很便宜，然而这儿的劳动者们却在叹息米粮贵了，而且仍在以伪币索价，动辄几十万地用在交易上，这才真是天文学的数字啊。家家铺子在打算盘列表格，重新给货物标价，日本货的商标也很自然地留着。伪币价值的跌而复涨，真是畸形而又病态，应该赶快定出伪币价格来。

回来的又是老爷太太少爷小姐，吃的文化又一度发扬，无不罄囊过了一下鱼虾蟹的瘾，法币百元光景可以吃一盘炒虾仁或烩鱼等，螃蟹因为芜湖尚无轮船上来，极少。女招待还很流行，她们过去可以月入二十万元伪币光景的小费钱，合现在的法币一千元以上。问她们日兵特别难伺候不，回答是："越会说中国话的越坏，越有中国翻译的越坏，喝醉了动手动脚的自然也有。日本铺子里才下流。"侍役们也在争相以伪币购买银元，有人以六万四千买了四个，合法币四百元一个。

抽香烟的人得救了，"小大英"二十五元一包，虽然不一定是真牌子。车夫们看到新客们嘱咐随便给，结果很多人变成了"洋盘"，吃了亏，这也就等于还乡人唯一的对人民赐福。电影院戏院照常开演，电影票四十元、六十元一张不等，上海片子多，大街上找到很少几位盟军。

子冈注意到，"光复后"的武汉"摇身一变"的事太多了——曾经附逆的伪军变成了"抗日地下军"，如今神气地在维持秩序；日本人主持的汉奸报纸《大楚报》，一变而为《华中报》，全班人马一个没换；伪官们也在四处钻营，企图洗脱罪名，继续作威作福。因此《武汉日报》大声疾呼要严惩汉奸，以辨忠奸。

汉口还是在黑暗中，不只是为了缺煤无电而已。武昌汉阳尚未及去，明天中秋，民联轮休息一天，同时卸货装货，换熟悉下游水道的领江，船上许多茶房是第一次到“底下”来，一面孔孩子气的欢喜。这第一条正式还乡的船总算顺利而又秩序良好，船上经理到处请求批评，这倒是好作风。只是名为只搭各机关接收人员，而结果有些机关冒名顶替的家眷仍然不少，聪明人处处想占先，何况还乡甚至浑水摸鱼呢？

入夜汉口难民区起了一次大火，据说是日兵放的，烧了一个钟头熄了。江岸上有疏落的一两声枪响，是哪个大和子孙又自杀了还是向中国人示威？就要在汉口度末一个中秋了，傻小鬼，不看见满街的月饼么？

（九月十九日夜民联轮上）

这篇通讯发出前，子冈还补记了一段文字：汉口有皇宫舞场一处，民生公司船务处副经理钟田道去看了来，告诉记者说，男客除盟军外，多为重庆来人，这些负责接收的人追逐于酒色之间，女伴多为能说日语的中国女性。钟先生说：“两个日本败兵走在马路上步伐整齐，而我们的人则在马路上乱作一团，我们是胜利的国家啊！不提高警觉性是不行的！”

9 月 23 日，船到南京，子冈回了一趟老家苏州。10 月月初折返南京，候机去北平。此前一个多月，到南京筹备受降典礼的陆军总部前进指挥所主任冷欣向重庆报告南京情况说：“日寇投降，各杂色部队以及地方痞棍亦皆闻风而起，甚有假借名义强占民居，绑架勒索，无所不为！内外秩序，顿遭破坏，造成极度恐慌现象……”10月月初，大公报报道，南京秩序已恢复，“市内交通将接收敌人之卡车20余辆改为公共汽车行驶。南京现有人口74万（战前为119万），房屋战前为6.2万间，今被毁者4596间。教育方面，现有中小学生三万余人，教员在甄审中。物价方面，自受降至今最高者涨达五倍，因之市民生活倍感痛苦”。

请看子冈还乡通讯《京苏一带》《南京飞鸢》：

记者这一周来在京苏一带小住，也曾从高搭的牌楼上，从橱窗的盟国领袖会议的照片上，从挂了书包的小学生们的笑靥上，窥见了一点收复区的喜气。但是最发财最得实惠的是饭店老板与百货商人，他们像重庆商人接到美国顾客一样、胜利也给他们带来了使用“老法币”的财神。

这就刺激了收复区的物价。一与二百之比，公用事业及百货突然以法币计值，但是人们手里有的是如同废纸的伪钞，天文数字吓死人。譬如十月一日刚公布的邮资加价九倍的消息，在后方也许不算什么，然而在收复区的人们说：二十元平信便是四千呀！快递挂号七十元便是一万四千呀！信也寄不起了！

国军到南京不久，皮鞋价格便涨了三分之一，京苏一带更因接收大员的莅临，酒楼座常满。就算一个大兵，拿出千元法币的一张纸来买些毛巾内衣之类杂物，居然还有得找补回来，无不露出一张遮掩不住的笑容说：“真便宜呀，在后方吃一碗面便没有了！”

拿一位苏州普通小学校级任教员的待遇来说，每月只三斗米及伪钞薪金六七千元（合法币三十余元），最近听说米将取消，可得全部薪金一千五百元光景，加算是比以前加了，可是仍然是与物价作龟兔赛跑。

子冈初到苏州时，金价只合法币三万多，几天工夫就突破了五万，许多人从中不劳而获，发了财。也有些不谙此道者想投机占便宜，却错买了黄铜首饰而大亏。苏州著名的玄妙观里的茶园，一度成了交易伪钞、法币、银圆、金饰的投机场所，法币价格高到一比二百四十甚至三百五十，“银圆声音哗啷哗啷，到处有人伸出手来兜售关金或是闪亮的金首饰”。后来当局以扰乱金融罪名对投机者实施拘捕，茶园才恢复往日的宁静。

只有这些发横财的本地人才上馆子吃点心，听弹词，看电影，百分之九十以上的苏州居民大多在伪钞疯狂发行之下无以为生，敌伪给苏州人带来几种自由：大烟、白面、麻将、牌九、押宝、妓馆……在任何一条小巷子里，你可以瞥见三四桌沿门而设的麻将桌，在厅堂里面的就更不必说了！

这儿也在诅咒国难商人，囤积居奇而作了暴发户的不在少数。高利贷大得稀奇，有十天一算者，大致放出一万元伪币，每月可收利息少则三四千元，大则五六千元。

今天是十月四日，苏州城内自清晨起至午间戒严捉汉奸，……也兼及捣乱收复区秩序者，例如在这几天去私自购买日军物资的也在被拘之列。在一般人民之中，称快的与叫苦的各半，曾经为了生活而担任过小小伪职的无不岌岌自危。

……苏州这天堂似的小城市，在八年来更没落更可怜了。小百姓在地主阶级压迫之下平添了日寇的榨取，与日寇握手的自然不例外的是那些养尊处优的，在敌伪合作下愈趋“殖民地化”，小学生五六年级即日文，悉由日人教授；烟毒赌风横流，失业者成群，青年人、壮年人都在“混”，混一口充饥的口粮。观前街上的乞丐比八年前更多了，他们会盯在你背后说：“好小姐，好先生，给一个大饼的钱吧，就当作给一只小狗吃！”还有多少取悦于对方的祝词，这种“自卑”使一个并非久居于此的人会引起战栗。

老年人、壮年人、青年人一同堕落。这并不是巧合，记者发现亲朋中大多在八年里境况大不如前，人与人间的关系更形冷酷，至亲中挪借伪钞亦必放押物并计息，儿女忤逆父母，代售旧物亦必取佣金，欺诈谎骗，无一不有。小地主们多出售田产；少奶奶为了染上阿芙蓉而流落街头卖大饼，向昔日嫁出的丫头乞怜；旧日的悍婆今天在闹市乞讨。神经病患者尤其多，但是没有疯人院可送。有全家服毒自杀的新闻，也有经常用糠粥果腹不算新闻的新闻。

伪币定价，当地报纸《明报》《苏报》均标着“财部安定人民生活”，但是十天之内，眼看着物价抬高百分之五十，可以说是“有法币的人有福了”。京沪车在十天之前还是秩序失常，满车的跑生意人，甚至揩油坐车，因为根本不查票。……尿粪满地，臭水横流，清洁夫都找不到。二等车三等车不分，一律椅背上行李架上也是人，人碰人，人碰物，物碰物，彼此詈骂找寻赔偿。出入是以窗代门。近日京沪车价规定出来，比往昔加了五六倍，听说也查票了，秩序这才转好，否则真令人觉得那不像复员而像逃难。何况降而未去的日军也在铁皮车外虎视眈眈地瞧着车站内外这一片紊乱，他们也许在心底轻声讪笑吧。

收复区中的物价及民生，是今后的一大课题，芸芸众生，不事生产，碌碌地追逐非法商业利润及子金，这些坏现象应该停止了。

离开苏州到南京，子冈准备乘车回北平工作。尽管当时南京已经有许多从重庆来“复员”和接收的大员都是子冈熟悉的朋友，但她并没有去采访，而是以“一个夫子庙左近的陌生旅客”的身份，游走街头，观察和记录着收复后的首都：

双十国庆的热烈庆祝还在继续，各娱乐场所免费招待军民三天，因此每一家门前无不挤得死去活来。鞭炮生意依然兴隆。在下关日军集中地一带，淘气的孩子用燃着了的炮仗向尖帽子的日军身旁投掷，似乎想把八年来隐藏的仇恨一起爆炸，倒也不见得含着什么伤害的恶意，徒手的日兵有时还眨眨眼，向中国孩子们作顽皮的微笑。正当秋高蟹肥，菜市上日兵们也时时去采购百元五个的蟹串。武器交出以后，他们的面容也如同秋阳一样和煦起来，叫人对于和平世界怀着一个美丽的梦想。

昨天的国庆纪念庆祝胜利大会是在明故宫飞机场举行的……新兵之中夹着有骑了日本高大军马的军官们，这些听话的日本军马也曾随了部队的步伐一齐前进，军马有知，我不晓得他们会有什么沧桑之感……庆祝会上有伞兵一大队作降落表演，头上所戴钢盔飞落不少，也许是太大之故。

国庆日午后，何应钦总司令举行鸡尾酒会招待盟邦及本国人士，晚饭后并举行舞会，舞伴在南京不缺乏，何总司令特别下了临时为中国军人开舞禁的命令。

晚上像“金谷”“凤凰”等带舞厅的酒家均告客满，四菜每客三百一跳为五百，且军宪各界一包数十座，以致茶房怕少收小费而抱怨着。就在双十以前，金陵的歌女们也早已赴抗战军人们的呼唤为荣，雅座里不时飞腾出清音高唱，闹得一些盟友们莫名其妙。妓女名亡实存，到旅舍来兜生意的很多，有的改名为向导，索价更高，她们的酬报单位为关金。当她们苍白了脸在早上从客人房间里溜出去的时候，还要被茶房唤住分肥。

新旅馆新酒店甚至新理发店均以神技出现。“一乐也”的老板自称来自重庆，重整旗鼓，新旅馆以“八年为抗战停业”为号召。新饭店的豪华使我觉得重庆的嘉陵宾馆与胜利大厦也未免太寒酸了，侍役、女侍、开门的侍童不一而足，女侍是着藏青呢子西装。连小吃部门也是玻璃桌面或是丝绒靠垫的“火车间”，杯盘碗盏出奇制胜，无不用银托，使你觉得中国的金属真多，吃饭似乎变成了吃金属。而大玻璃窗外，有参观这豪华场面的乞儿、车夫与路人。

重建南京的工务计划已经见报了，十二个路工大队就要修补马路和疏浚下水道。从几条柏油马路走出去，便可以看见坎坷不平的“不近代化”的市街，尘土飞扬，破墙倾圮，就连踟蹰在那里的人群，也仿佛与闹市中隔着一个世纪。

收复区的人们看了新军兴奋，新军们在街头在戏院在酒店的威风应该分给死伤的将士，死的完了，伤的还在后方各休养院里，在重庆不就有四五千荣军么？我怀念他们，让他们用一条臂一条腿或一只眼来触摸一下收复区的土地和人民，他们会喜欢得掉泪的！

复员不是复原，不是笙歌，不是酣舞，不是狂啖，不是狎妓，不是挥霍，不是豪华……

天津受降、遣俘一幕

天津是大公报的发祥地。1937年"七七事变"后，天津沦陷，大公报义不受辱，断然停刊。直到1945年日本投降，才派员回津复刊。

最早回到天津的是记者曹世瑛。9月23日，他与子冈同乘"民联轮"从重庆到南京，而后飞北平，9月28日回到阔别八年的天津。当时，从大后方到天津的记者，只有曹世瑛与中央社记者两个人，因此，他立即投入采访报道。

9月30日，美军先头部队1500余人搭乘第七舰队运输舰及战舰二百余艘，在塘沽大沽登陆，当晚乘火车抵达天津老龙头火车站，转乘卡车百余辆进入市区。由于当时国民党军尚未到防，政府人员亦未到位，美军先头部队就成为第一批受到天津市民欢迎的"接收者"。曹世瑛报道称：

天津各界及民众学生与外侨十余万人，手执盟国小旗，自清晨便在东站万国桥中街直达旧美兵营一带等候，终日准备欢迎，交通为之断绝。及至美军进入市区，小旗飞舞，欢声雷动。卡车缓步前进，市民皆趋前与盟军握手，热情亲切异常，至八时民众始散去。今日下午，来自菲协助登陆之海军战斗机多架，由大沽口外之军舰起飞，翱翔于津市上空，市民兴奋，仰首欢呼。第三军团指挥官洛基中将于先一日以中英两种文字张贴布告，说明该军来津系应中国政府之邀请，目的为解除日军武装，恢复合法而无日本势力之地方政府，维护法律与秩序，以恢复人民之和平生活。按华北自日本投降后，驻有日军二十五万人，其他部队三万五千人，散处平津两市附近，冲突时有所闻，民心浮动。今盟军莅临，一般情势已趋安宁。惟今日十一时戒严。

10月2日，国民政府新任天津市市长张廷谔、副市长杜建时到津。6日上午，天津日军投降仪式在原英租界工部局楼前举行，到场民众达十万人，交通为之堵塞。签降的是日军司令内田银之助中将，受降的是美军司令洛基中将，并声明是代表国民政府来受降的，而中国的两位市长却站在一旁观礼。这一幕在天津市民中引起颇多议论与怨言。

10月10日，北平日军投降仪式在太庙举行，曹世瑛又赶到北平去采访报道。签降的是日军司令根本博，受降的是第十一战区司令长官孙连仲，而到场的仪仗队竟然是“曲线救国”的伪军。

平津两地的受降仪式表明，国民党政府对于接收是多么缺乏准备。

10月中旬，天津大公报编辑主任孔昭恺和北平办事处主任徐盈到天津，即与国民党接收当局交涉，收回旧馆资产，着手恢复天津大公报。大公报原有馆址分在两处，一个是原日租界四面钟对过旧址，日据时期为日商昌和洋行占用，胜利后自然物归原主；另一个是原法租界电灯房后旧址，“七七事变”津馆停刊后由原经理部留守人员改办为正文印刷局，收回也是顺理成章。[①]

11月24日，经理曹谷冰抵津，天津大公报复刊已经筹备就绪，12月1日正式出版发行。当天的复刊号上发表社评《重见北方父老》称：

一别八载余，今天重与北方父老相见，我们真有说不出的欣慰与感慨。……大公报是生长在北方的……数十年岁月中，为国家为人民曾不断尽其报道与言论之责。大公报是北方的报，大公报离不开北方，北方没有了大公报也必定倍感寂寞。但是，大公报竟然离开了北方，离开了八年多！是谁叫大公报离开北方的？乃是空前的外患，严重的国难。

……大公报今天重见北方父老，正如同一个戍卒长征归来，有凯旋之喜，也有感慨之情。……抗战胜利了，问题纷纷，而最大的一个课题是建国，是把中国建成一个现代化的国家。要建国，岂可无北方？纯朴勇毅的人力在北方，主要的建国资源在北方，国家无北方，就根本不够建国的条件了。……在北方，敌军尚未完全缴械，汉奸还一个未办，更有恼人的军事纷扰在蔓延着，岂容我们心情轻松？一切事，我们希望政府有做法，努力做；我们做国民的，也要时刻不忘国家，不忘本身的职责，不忘国家的前途，努力尽到我们的匹夫匹妇之责。

1945年12月，记者张高峰也从重庆记者任上调回天津做要闻编

① 此两处旧址，现存前者，为天津市文物保护单位。

辑。[①] 他说："一别八年，天津变得既熟悉又陌生了。熟悉的是乡情乡音，陌生的是社会景象。1937年10月我离开天津时，日军只占领了华界，中国人还可以到英法等国租界躲避。1941年太平洋战争爆发后，英法都成为日本的'敌国'，租界也被占领，天津完全成了日本人的天下，许多战前还只住在日租界内的日本人，纷纷迁出，遍布天津，到处都留下了侵略者的痕迹。胜利后，许多道路都不得不重新命名了。日寇作孽太深，中国百姓恨之入骨，以致日本投降后，天津街头时常发生老百姓见到日本人就打，打得他们抱头鼠窜的事件。"

12月4日，天津遣送3000余名日俘日侨经塘沽新港登船归国。曹世瑛搭乘运送他们的火车前往采访。上车前，他和负责接待的美军堪普上士聊天：

"返国日军，军官准予携带五百日元，士兵二百日元，除了御寒的衣服之外，可以携带一些日用品和七日的干粮，平民准予携带一千日元。女人可以把结婚戒指带走，戒指里面必须是刻着名字，证明是她自己的；男人可以带一支铅笔和自来水笔，此外金银财宝邮政储金一概不准携带。日本的战时公债可以带走，但市场上的各种证券则不许带。"记者问他："手表可以带吗？"他说："他们很少有人戴手表。"然后他又说："在出发之前，经过中美两方人员检查，女

① 大公报用人实行采编岗位轮换。做过一段时间记者的，要回编辑部做一段时间编辑，改稿子、做标题，然后再外派出去。这样既有利于记者与编辑的沟通、合作，又可以锻炼记者成为多面手。在编辑部历练、表现出经营管理能力的人，还会调到经理部任职。大公报总经理胡政之先生就是一位既懂经营管理，又擅妙笔著文的好手。后来曾任《人民日报》总编辑的谭文瑞先生就是在这时加入天津大公报做编辑，开始他的新闻生涯的。

人由中国女人检查。检查很严格，衣服鞋子都要看过。其次有人专看日本男人的面孔，看他是不是战犯，以免他们乘机混入逃走。然后是行李检查，任何可以藏东西的地方，例如一面镜子的后面，也要检查。到上车时，再教他们重新包装起来。”

“运送日军日侨的火车，由美海军陆战队防守。在过去曾有中国农民要打他们，也有的从窗子外面用钩子来偷东西。上星期六，有一个日本小孩子的手给中国人用刀砍断，这真是一件不幸的事，好像已经被打倒的人还要过去踢他一脚。”他说着，同时还用脚做了一个要踢的样子，弄得记者大为不好意思起来。

“美军要费很大的力量，才能挡着他们。”他又说：“日本平民是由日本轮船运送回国，军人则由美军坦克登陆舰运送，大约五六天可抵日本。这些日本人都是满面风霜，精神颓丧，因为他们都是从各地撤退到天津，把所有的东西都丢了。塘沽是他们登船回国唯一的地方。你可以看见，等火车驶到海边，可以望得见海时，他们的脸上都泛起了光辉，露出了笑容，因为他们晓得在海之彼岸便是他们的家乡了。”

我们到达火车站时，日军日侨正在上车，一千是平民，两千是军人，女人小孩都没有。这些人已经检查完毕，只剩上车的一幕了。车站附近，有许多一排一排的席棚，日本式的窝铺，大概是他们的临时住所。

这些日军日侨穿的真够暖和，皮衣皮帽，和我们的国军比较起来，真是有过之无不及，从质上来说，比记者穿的还要好些。穿便服的占极少数，因为日军军事机关的公务员也披着“老虎皮”。每个人身上都钉着姓名号码（如桥本喜三郎，660）另外还钉着一小块白布，写着日本假名。

车开了，但是走得很慢。我们和伯恩鲍姆尔上士以及押车的福尔曼少尉等聊天。伯上士年纪已在四十以上，和蔼可亲，有一位女儿在哥伦比亚大学学看护。他对记者说：“中国要想富强，第一件重要的事是教育。要这些农民都能受教育，才谈的到工业化，才能提高生活水准。”

在车站时，日本翻译官新川传介也要求跟了来，车上也参加谈话。他受过大学教育，能说英语，也懂得中国话，以前曾在开滦矿务总局作事，谈话彬彬有礼。记者说：“日本人在私人的交际上是很好的。”他马上笑着接下去：“但是这个国家可不太好。”

我没有看见日本人吃东西。除去吸烟之外，他们很少说话，默默地坐着。下午一时四十五分抵新港第一码头。我看见日本人正如堪普上士所说，脸上都射出了愉快的光芒，但是一路没有看见一个中国人来打人或偷东西。

下车后，日本人搬下行李，列队听候命令。记者乘便到登陆舰上去参观。这种军舰能载坦克车四十辆，两旁是水手的寝室，餐厅，厨房，洗澡间。海军少尉利登荷夫尔引导记者上上下下，钻来钻去。装载坦克车的地方非常宽阔，一半地方即相当一个篮球场。顶上装着球架。据说平时他们天天打篮球。记者参观时，有七八个水手却正在打牌。

在舰上和许多美国海军军官谈话，他们都着急要回家。他们问记者，中国人为什么不合作，自己打自己。陶尔金少尉作了一个很诙谐的样子，把两只手捏在一起说：“你们再打，他们（指日本人）可又要回来了。”甚至有人说，他们愿意把那些军舰都送给中国，他们好回家。

日本人列队之后，鱼贯上船，在美军指挥之下钻进坦克舱里去。

一列一列地排起来。由于语言不通，有时需要美军把他拖到应该站立的地方。这时他们表情却不大好看，或者说毫无表情。三千人分装三船，相当的拥挤。装完之后立即开船，趁着晚潮驶出港外。记者目送坦克登陆舰在快要落下的斜阳中慢慢驶去。我想：是的，中国人需要教育。内田银之助中将在十月初对记者说，他想回去读书，重新做学生。其实，凡是日本人都应该回去做一番沉痛的反省。

送走了日俘日侨，曹世瑛想起了1905年在我国东北地区发生日俄战争后，日军最高统帅乃木希典写的一首诗："王师百万征强虏，攻城野战尸满山。愧我何颜看父老，凯歌今日几人还。"在那场战争中，日军胜凯旋。曹世瑛写道："乃木希典这首气魄雄迈的诗，完全是战胜者的口吻，可惜他没有想到40年后，由大陆返国的'王师'唉声叹气，忍饥挨饿，搭乘原是敌国的交通工具，像难民一样的归去，重见扶桑父老，却是另外一副颜面了。"

他们4日遣送了一批日本人，5日逮捕了百余大汉奸。平津两市同时行动，7日才披露消息。大公报报道："前晚深夜，天津市民在睡乡中，不知八年来为虎作伥毒害彼等之汉奸业已就逮。至昨日上午消息逐渐传布，乃成全市街谈巷议之资料，人心为之大快。本市各宪警等有关机关奉上峰命令，于前日午夜秘密出动，按图索骥，至昨晨六时，所有天津地区榜上有名之重要汉奸大致均已落网，为数共约百人之谱。闻齐燮元（伪治安总署督办）、温世珍（伪天津市市长）等多人俱已被捕。当进行搜捕时，为防止走漏消息，全市电话停止通话。事后各汉奸住宅均暂时封闭。"大公报同时配发短评："平津捉拿汉奸，北方人心大快，全国人心同感快慰。……北方捕捉汉奸，早该惩办，现在实现了，实给乱纷纷的北方局面减少了纷乱。汉奸既经逮捕之后，应该早日交由司法机关公开审讯定罪。”

日本投降，天津的旧租界全部收回。为了消除半殖民地污痕，彰显抗战胜利及对盟国的友谊，天津当局在 1945 年底搞了一次大规模的修改重要街道名称的活动，除城厢、河北、西头、南市、旧特二三区等地（原天津老城，俗称“中国地”）均恢复旧有街路名称外，旧意租界全部路名更改为含有新意义之名称（如进步道、民主道、自由道，今存），旧日法租界街路全部更改为各行省名称（如辽宁路、河北路、山西路，今存），旧英租界全部更改为都市名称（如睦南道、常德道、营口道，今存）。其中，部分有特别含义的新路名有：中山路（旧大经路，今存）、中正路（旧英法中街，今解放北路）、林森路（旧法租界4号路及26号路，今新华路）、张自忠路（沿河马路，今存）、美龄路（旧英租界伦敦路，今承德道）、罗斯福路（旧日租界旭街及旧法租界 21 号路，今和平路）、杜鲁门路（旧英租界 11 号路，今建设路），胜利桥（旧日本桥，今存）。

『五子登科』话『劫收』

抗战胜利后，国民党派出大批人员从后方赶往收复区接收，其中许多人以抗战“胜利者”和接收“征服者”自居，自恃高人一等，不仅颐指气使，骄横跋扈，而且到处抢金子、抢票子、抢车子、抢房子、抢女子，人称“五子登科”，接收成了“劫收”。此外，由于国民党错误的金融政策，伪币急遽贬值，收复区人民的财富凭空“蒸发”……严重腐败带来的恶果，就是社会混乱、物价飞涨，人心浮动、怨声载道，收复区的老百姓说，“想中央，盼中央，中央来了更遭殃”。

1945 年 9 月 14 日，抗战胜利仅仅一个月，大公报发表题为《收复失土，不要失去人心》的社评，“预警”指出：

这次日本突然投降，使我们许多事情都不及准备。……投机家就不难像空气一般流注进去。收复区的金融现正紊乱，法币关金[①]的身

① 关金即海关金单位兑换券的简称，是国民政府海关用以计算税收的金本位单位。后来中央银行发行关金券，用以收纳关税，渐渐成为通货的一种。

价在收复区正如天之骄子，这自然的形成一个理想的投机市场，把发国难财的本领拿去施展一下，很可以在浑水里摸到大鱼。这八年来，多少人借别人的血汗造成一己庞大的既得利益，心眼早被利欲堵塞了。我们对于社会这黑暗的一面看得太多了，对于当前的事情就不能不有所担心。

事实证明这不完全是杞忧。据本报南京专电，南京机关的公物，伪官的私物，很多已被人盗卖一空，公用汽车攫为私有，伪满驻宁“大使”被勒索三百万元……这现象蔓延开来，决非好事。因为我们现在不但去收复失土，而且去抚慰受创的人心。那些同胞多年来在敌人铁蹄魔手下过着黑暗的生活，眼睁睁地盼望天亮，好容易才望到今天，只有光明才可以满足他们的渴望。……收复失土，接收敌伪所攫夺的财产，迎接我们受苦的同胞，把他们从水深火热中拯起，这是抗战一项任务，肮脏的手，漆黑的心，都请远远离开，不要污染这一庄严神圣的任务！

我们希望政府派到收复区工作的人员，要特别注意操守。洁己奉公，是当前第一官箴。……我们现在不是以征服者的姿态回去作胜利示威，只为过去国力不足，大家努力不够，才叫这大群同胞在敌人统治下受苦。对于他们，只有惭愧，只有慰藉，一切骄傲都应该收起来。

整理伪币是当务之急。现在收复区的金融混乱已极，法币与伪中储券的比率各自不同，据说南京是一对二百，上海一对一百五十，汉口一对四十，同是持有伪币的同胞，因地点不同，运气也就两样。……伪币是收复区人民的财产，敌人把他们的财富榨干了，现在只剩下这一堆纸，把它一笔勾销吗？他们将一无所有。由政府兑换过来，还可以向敌人清算，要求赔偿。……伪钞是敌人欠我们的债务，我们应该取偿于敌人，怎可以叫收复区人民多受这一笔损失？

……要安定收复区人民的生活，整理伪币维持治安是眼前急务。工矿事业的接收、整顿与发展，更是长久之计，而且系今后全国经济发展所系。收复区（尤其是东北与台湾）的工矿事业，在规模或数量上，无不比后方现有的工业庞大。初接过来，应该树立一个良好的开端。过去公私事业那种不讲效率争权夺利的现象，不容再事出现。总之一句话，我们带着胜利回去，一切要为国家着想，为收复区的同胞着想，公私活动都要做得像样，不能叫人失望。

9月27日，大公报再发社评《莫失尽人心》，这次已经不是提醒、警告，而是针对现实，批评的矛头直指国府接收大员：

客有自京沪来者，说了许多京沪同胞的兴奋情况，也说了一些他们的苦情。京沪的景况兴奋极了，也乱极了。在热烘烘乱嚷嚷中，这二十几天时间，几乎把京沪一带的人心丢光了。有早已伏在那里的，也有由后方去的，只要人人有来头，就人人捷手先抢。一部汽车有几十个人抢，一所房子有许多机关争；而长长的铁路，大大的矿场，却很少人过问。尽管是一部分，或仅少数人，但八年长夜，一旦天亮，国旗飘飘，爆竹声喧，这些人也被欢迎在内吗？尤其因为币制迟迟无规定办法，更形成了收复区之乱，更加重了收复区人民的痛苦。由后方去的人，满箱满笼的关金券法币，成了武器，成了法宝，伪币与法币的比价无定，物价一日三迁，大大的苦了收复区同胞，大大的发了后方去的人。可怜收复区同胞，他们盼到天亮，望见了祖国的旌旗，他们喜极如狂，但睡了几夜觉之后，发觉了他们多已破家荡产，手上仅有的财产筹码——伪币，差不多已分文不值。卖房子吧，卖财产吧，累世的财富转眼转移到手里握有关金法币的人。……在十几天前我们就曾著文呼吁“收复失土不要失去人心”，现在我们要呼吁“莫失尽人心”了。

京沪区的乱象，其原因可以分为两部分：一是政府无准备，至少是准备得太迟太不够；另一是人的品质问题。……以此为鉴，紧接着就要办的收复华北，收复台湾，收复东北，一定要有准备。准备什么？一要准备好了政策及办法，二要选择好人。这两点太重要了。没有这两点，失土纵然收复，而却失掉人心。……国家经过八年苦难，而今一旦胜利，战氛一扫，这正是天心厌乱人心望治之时。由政府言，这是千载一时的机运，……政府应该循此机运励精图治，莫轻辜负了！

大公报社评所说的京沪乱象实情是怎样的？10月24日，大公报记者张鸿增通讯《休说重庆来》：

……和他们带来的法币关金购买力一样，“重庆人”在收复区老百姓眼里在跌价，江东父老对这些凯旋的人最初是刮目相看，再而是冷眼静观，现在差不多已经摇头蹙额了。……某人在重庆是三四等公务员，到这里独当一面，就也算成“要人”，接收了三四辆小汽车，嫌它们都不漂亮，拿一百多万又买了一部，……一席数千金，还大叹“便宜，便宜！”一夜数万金，还大喊“值得，值得！”……冷眼的江东父老观察了近两个月，得了一个结论，“重庆人”到了收复区，第一件工作是做衣服，找房子，第二件是弄汽车，第三件是买黄金，第四件是女人。他们原希望这些凯旋的英雄一来，地方秩序渐趋安定，物价逐次平复，从此脱离苦海。谁知这帮人却是拼命享受，成了抬高物价的因素。一开始工作就是把邮资加了十倍，铁道客运加了九倍，水电加了十倍，南京城内公然白昼抢劫，拘留所人满为患，……收复区人开始恨“重庆人”，所以我劝朋友们，到南京休说重庆来。“重庆人”的风头被这帮先遣人员出尽了，你来抢白眼吧。

南京房子问题之严重，甚至“殃及”到市长了。大公报报道，南京市市长马超俊9月月初到南京，因为原住宅已在战争中毁掉，所以只能寄寓在一家酒店，11月才找到北平路某号暂住。未几，该房原主回来了，马市长只好搬家。几经周折，又找到颐和路某号借住，记者笑他称得上“孟母三迁”了。马超俊倒是随遇而安，笑对记者说：“我是乡村出来的，原无洋房汽车，何必斤斤计较。假如有人要我身上穿的这套旧西装，我亦可以脱下来。”不过，虽然“他的市民都不肯收容他作房客，因为照南京习俗，租费要顶费押租”，市长拿不出这些钱，但他“曾严厉规定，房租不得超过战前标准60倍，理由是江苏公教人员的薪津收入为战前60倍”。但记者预言：国府部院归来，有屋的人正好捞一笔。

与国民党政府不顾人民疾苦形成对比的是，当局对尚未遣返的日本战俘却“优待有加”。在报道马超俊无房可住的次日，大公报刊登记者朱启平南京专电：

这是令人不能相信的事实，胜利的国军待遇竟不如投降的日俘。京区日军配发给养如旧，日军仓库里大批丰美军粮、牛肉罐头还由日俘受用，而国军副食费却减到两千四百元，每天只盐水煮青菜，军米三分之二是杂质。日伤兵仍住整洁的中央医院，我们的伤兵街上流浪。一位士兵愤愤地说："日军不要发了霉的面粉给我们吃，日军马匹不吃的东西给我们人吃，真不知究竟谁胜利了！"街上散走的日军依然肥胖，我们的战士却和寒风一样萧瑟。莫失去了人心后，该注意莫失军心了。

再看上海乱象。大公报记者 11 月 1 日报道：

"重庆人"这一名词，近已成为恶意嘲骂之称谓。事实上，仗势欺人、浑水摸鱼者，多数未必是重庆人，但身由重庆前来而肩负用人行政之责者亦不少。在一般人心目中，办事无能及唯利是图两点，几为此一名词之注脚。迄今犹有若干机关，组织未能健全，秩序紊乱，加以监督不严，借名敲诈者不少。上海人所望胜利者过于理想，未沾胜利免赋实益，先蒙非法摊派之灾，益感失望。市谈皆谓政出多门，措置未当，授奸商以作祟之隙。铁路、邮费、电话、电灯提价过高，亦颇诟病，影响所及，以致刺激物价，引起民怨。

国民党政府将法币与伪币的兑换率定为一比二百。一纸命令下来，沦陷区经济迅速崩溃。在重庆只能买油条的钞票，可以在上海的酒楼摆上两桌酒席。因此，携带大批法币的接收人员大发横财立刻暴富，而收复区许多人一夜之间顿成赤贫，根本难以维持生活。10 月 24 日，大公报再发社评《为江浙人民呼吁》，疾呼："抗战八年，大后方通货膨胀，还未到使工商业大量破产的程度，而今胜利到来，一开手，就使全国财富之区的江浙一带陷于经济崩溃的危险，这真太严重了！我们今天写此文，说是为江浙人民呼吁，真实正是为国家呼吁！"

日本投降后，大公报迅速恢复了广州办事处，10月26日，记者陈凡由重庆飞抵广州，十天后向重庆大公报发回报道《今日广州》，记录了国民党接收前后的混乱：

广州区受降已有两个多月，因胜利而来的兴奋已过去了，为胜利而放的爆竹也早已不闻了，为欢迎国军凯旋而搭的彩牌楼，拆的拆了，不拆的也惨然无色了，广州是一片沉寂，一片灰色！

十日来，记者分别访问了各阶层的市民至少有一百人。这些人中，有靠小本钱做小买卖的老板，有靠自己的血汗维持生活的码头工人和黄包车夫，有出卖自己的肉体去养家的私娼，有沦陷期间在城市寄生的中层份子，使我惊奇的是：没有一个人能明确地说出胜利究竟对他们带来什么好处！

不过狂欢是有过的，当敌人投降的消息传到后，全市的人心简直成了一个狂欢的沸锅，一天到晚滚着汹涌的水花！为的是他们从此可以一脚踢开这七年来压在他们头上的残暴的统治者。但跟着“先遣军”涌进来了，“地下军”钻出来了，各式各样的“有枪阶级”都争先恐后地冲到广州来，看到东西就搬，抢到钞票就要，……广州人的头刚在日本人的头低下去的时候抬起来，不一刻又在这些人的淫威下低下去了。就在这一场混乱里，不少广州人因此破产。

广州市民一提起八月下旬至九月中旬的混乱，无不痛心疾首。那时候，只要臂上绷一个乱七八糟的臂章，手上拿一张封条，腰间挂一只手枪，就随便可以对屋运货。有些更狡黠的，拿到一张封条，到甲家贴上，把东西搬光，又轻轻地撕下来，拿去封乙家，这样一条封条就有了许多妙用。

在这样混乱的情形之下，市民听说国军要来了，就日夜盼望国军快来。国军入市后，情形稍为安定了点。但跟着伪币停止使用，市场立呈混乱，浑水摸鱼的借此发财，而一般市民苦透了！国币没有，而伪币一时又不能兑换，简直连两顿饭都发生了问题，在这期间，曾有人因而成了饿殍。混乱的情形稍定后，商人在这个浪潮里的损失都取偿于货架，因此物价飞涨了！更有由后方来的人都带着大量的法币，买东西的胃口和他们吃东西的胃口一样大，物价因此更高。

在后方的人拿着关金赞美广州的物价便宜的时候，广州人已经支持不了。收复区的人民到此才痛切地看到了胜利所带给他们东西底面目，第二度失望了！

陈凡的通讯中写到这样一个细节：在欢迎国民党军凯旋的彩牌楼上，有人贴上了一幅讽刺对联："抗战八年容易过，和平两日实难捱！"有的牌楼上则有人吊起了空饭锅，暗喻百姓无米之炊，等着饿死。

在陈凡的笔下，抗战胜利没有给收复区的老百姓带来幸福、安定，而是混乱、艰难。所谓"胜利"，在收复区人民的眼里只是表现为：一是军队的威风；看看士兵手上的新式手表和闪光的戒指就知道；二是后方来人的豪奢，包括茶楼酒肆的觥筹交错，"胜利大厦"的歌舞升平，整叠的关金和法币，和三五千元玩一夜私娼仍赞人肉便宜的"气魄"；三是少数人的特权，例如广州市政府规定筵席捐抽百分之二十，"机关上的人"只要说一声"我们免税的"，连政府法令也对从后方来的官吏退避，"人民对他们当然只有毕恭毕敬。所以，被征服的不只是日本人，收复区的人民同时也被'征服'了"。

陈凡继续写道：

广州的报纸舆论仍然是一片混乱，前些时有些报纸把收复区民众统称做“伪人”或“伪民”，许多身份特殊的人，又随便向“伪人”和“伪民”敲诈。但同时，有些明明是做了汉奸的人，却仍然在街市上大摇大摆。有些伪组织时候的公务员，光复后仍留在政府里。徒手的日本人，当局也明令善为保护，不得虐待。这些事情混杂在一起，渐渐使人民发生疑问。汉奸问题造成了许多混乱，在广东大汉奸先遣军总司令招桂章被捕之前，竟有报纸（是由招桂章出钱办的）做评论，赞美他做汉奸是“值得学习”的！我们现在教育复员工作上，正大谈改造伪校员生思想，但汉奸问题所投射于收复区人民心上的暗影，我们却没有看见！

广州是光复了，但广州不是一个干干净净的广州，随处是垃圾堆，随处有苍蝇飞舞，晚上，最繁盛的长堤大马路的骑楼下，随处睡满难民，随处跑着私娼，生活的呻吟随处可以听到！但在同样的黑夜笼罩之下，因胜利而易主的崇楼巨宅，电灯通明，酒肉宴熹，笑声弥漫。胜利，在它一到来的时候，就已分开两种了。

长堤的先施公司，沦陷以后被改名为“大东亚饭店”，在广州光复以后，聪明的老板把“大”字抹去了，再在原位刷上一个徽章，略为改头换面，又原封不动地照常营业下去了。这好像就是对我们的一个生动讽刺！

除了言论、新闻，大公报还连续刊登“读者投书”，借民口控诉“劫收”，以民意警示当局。以下是天津读者的一封来信：

两个月前，贵报重庆版有一篇社论《莫失尽人心》。大家读了以后，除了失尽人心的大员没有什么感想外，一般的人没有一个不交口称赞的。贵报发表那篇社论时，沦陷区收复尚不久，所以确实尚未失尽人心。可是到了今天呢？最显明的事实是物价问题，白米白面我们是不常吃，也不大打听价钱，只以我每天不可或缺的棒子面来说，今天差不多合伪币三百元一斤了，煤块七十五元一斤，其余柴菜油盐无不青云直上。物价如此的威胁，我们老百姓真到了快饿死的时候了。一天除了愁叹典卖以外，只是在这绝望的深渊里拼命。

当初日寇盘踞华北的时候，物价上升不已，人民只是关上了门在家里咒骂，每日烧香念佛的只求我们的胜利来临。胜利来到了，沦陷区可怜的老百姓看见中央大员自天上飞来后，真如子女见着亲父母一样，觉得这一回可好了，一切一切全有办法了，第一是棒子面绝不会再到二百多元一斤了，于是喜极而泣，乃至涕泪交流。没想到喜极而泣的眼泪还没有擦干，现在老百姓可又哭了，哭的是，不但棒子面比日本鬼子在这儿还加倍的贵，并且我们的贤明当局连一丝的办法全没有。今天说开仓了，明天说平粜了，盼到今天，把棒子面盼到三百多元一斤。要知道我们是五强之一呀，一切一切最低限度应当比敌伪霸占这块地方的时候好一点，才对得起这群温良驯顺的老百姓。老百姓除了求饱食暖衣外，他们哪里有什么其他希望呢。所以我恳请贤明的当局救救老百姓吧！

战胜的中国百姓生活艰难，战败的日俘日侨呢？请看另一封读者来信：

天津物价越涨越凶，人民生活叫苦连天，国军也在吃着无油无盐的伙食。反观日俘日侨锦衣玉食的生活，实在是太舒服了。日侨住着有暖气设备的洋房，穿着崭新的衣履，漫步街头，大食堂、大金店、大百货公司都有他们成群结队的足迹。日俘的生活更令人惊羡。他们虽然缴了杀中国人的武器，但把粮食、冻肉、燃料……大批的留着，饱食终日，有时还盗卖换酒，来个酩酊大醉。你可以看见，南货场、海光寺、法商学院、工业学校堆积如山的白米、煤炭、咸鱼、冻肉……让屠杀我们八年的日本俘虏吃得红光满面，一肥二胖；你又可以看见，抗战八年出死入生的国军营养不足，在四郊冷得发抖，守护着天津。这两幅画面一对照，太令人痛心了！蒋主席在日本投降后固然说过"要爱敌人"，但我们对日本人过分宽大了，宽大得使他们不承认战败，宽大得爱敌人不爱自己了。所以我们要提醒当局，改正这不合理的现象。

抗战胜利不过半年，人民群众的欢欣鼓舞已成明日黄花。国运艰难，民不聊生，此情此景，怎不令人沮丧。

第二章　内战爆发（1946）

1946年元旦，大公报发表社评《新年三愿》：一愿和平息争，大家过安谧的日子；二愿民主进步，人人都不要拂逆潮流，兜圈子，开倒车；三愿人民幸福，少受灾殃。

此刻，重庆正在筹备召开各党派参加的政治协商会议。会前，社会各界一再呼吁停止武装冲突，希望政治协商不要在枪炮声中开始。

然而，事与愿违。6月月末，国民党调集大军进攻中原解放区，内战全面爆发。抗战胜利后本就岌岌可危的和平生活，仅仅勉强维持了短暂的十个月。

从国统区到解放区

事实上，抗战胜利之初，国共摩擦、武装冲突已经开始。

1945年8月13日，日本投降前夜，大公报用醒目标题写道，“军委会令十八集团军就原地待命勿自行动，已令全国部队一律听候命令，根据盟邦协议执行受降决定”；在同一版面，又发消息称，“延安广播，朱总司令曾另发令，内容与军委会电令各节相悖”，并全文发表了朱德签署的“延安总部命令”，其要点是，各解放区抗日武装部队有权“向其附近各城镇交通要道之敌”受降、接收。显然，这是与国民党政府针锋相对的。

15日，朱德“代表中国解放区、中国沦陷区一切抗日武装力量及二万万六千万人民”致电蒋介石，措辞严厉地指责其错误，大公报同样全文发表。

朱德这封毫无外交辞令与习惯客套，直指蒋介石的错误，明确宣示中国共产党主张的电报，白纸黑字印在国统区的报纸上，无异于给毛泽东参加重庆谈判做了背书。大公报之所以公开发表朱德电报，除了秉持“客观报道”理念，也与国民党政府命令日伪“原地维持治安”，实质上授权延长了其对沦陷区的统治，引起各界广泛不满不无关系。

重庆谈判期间，蒋介石就秘密重新印发反共手本，明显意图通过武力削弱和消灭中共。“双十协定”墨迹未干，国民党便调集110万军队，分西北、西南、东南三路向华北解放区进攻，图谋打开进入东北的通道。

国民党的内战政策，激起了要求和平、民主的广大人民的愤慨。1945年11月19日，沈钧儒等发起在重庆举行反内战大会。25日，昆明学生举行反内战集会，遭到特务分子的捣乱，引发昆明三万余学生总罢课。12月1日，大批武装暴徒镇压学生，造成四人死亡、数十人受伤的惨案，重庆、上海等地陆续爆发声援昆明学生的活动，中国民主同盟和抗战后相继成立的中国民主建国会、中国民主促进会、九三学社等民主党派，以及许多民主人士，也积极参加反对内战的斗争，使国民党当局在政治上进一步处于被动地位。

1946年1月10日，政治协商会议在重庆开幕，人民群众期盼和平，设法通过各种集会听取与会代表介绍情况。在政协会议开幕的第二天，中国劳动协会、中国民主建国会等23个团体成立了“政治协商会议陪都各界协进会”，每天在沧白堂举行演讲会，邀请政协代表报告会议进展情况，听取民众的批评和建议。然而，国民党当局却多次派特务、流氓、打手到会场骚扰、侮辱、殴打会议主持人、报告人和到会群众，打伤了演讲的政协代表郭沫若、张东荪等人，制造了“沧白堂事件”。

1月31日，政治协商会议闭幕。2月2日，由“政治协商会议陪都各界协进会”等19个团体发起，定于2月10日上午在重庆较场口广场举行庆祝政协成功大会，并邀请李德全为总主席，李公朴为总指挥，推选李公朴、郭沫若、施复亮、章乃器等20余人组成大会主席团。

10日晨，当参加大会的群众陆续进入会场时，由国民党组织拼凑的另一个所谓“主席团”成员登上了主席台。会场两侧布满了特务打手。李公朴、施复亮上前阻拦遭到毒打，郭沫若、陶行知、章乃器、马寅初等人和新闻记者及劳协会员60余人也被打伤，国民党又制造了“较场口血案”。

当晚，政协各方代表举行紧急会议，推出周恩来等四位代表向蒋介石当面交涉，并带去周恩来、沈钧儒、梁漱溟、罗隆基联名写给蒋介石的抗议信，对国民党暴徒行径进行了严厉的抨击。这件血案引起了海内外极大的震惊。有识之士慨叹道：“嗜权而致如此下作，也就无药可救了！”

2月11日，大公报报道“较场口血案”，标题“陪都怪象，铁棍打散民众集会，李公朴郭沫若等数十人受伤，警宪多人在场并未制止动武”，并且配发社评《民主的习惯》指出：“对于闹嚷嚷、活泼泼的人民行动看不惯，一定要以拳头、铁条打击别人表达意见的自由，那可就太危险了。以小喻大，沧白堂的石块与较场口的铁条，可能就是国家大乱的缩影。”

后来的事实证明，蒋介石以扩大内战的行动，使政协协议终于成为一纸空文。

重庆发生“较场口事件”时，大公报驻北平记者子冈刚刚从中共晋察冀边区首府张家口采访归来。她这次大胆行动的成果，就是后来轰动国统区的著名长篇通讯《张家口漫步》。

1946年2月2日，农历丙戌年春节，也是抗战胜利后第一个春节。子冈与另外三名外国记者搭乘军调部美国飞机，前往被日军侵占多年，半年前由八路军解放的塞北重镇张家口采访。

晋察冀边区包括三省的一部分以及几乎热河、辽宁的全部，是当时所有中共解放区中最大的一个。边区行政委员会宋劭文主任告诉子冈："张家口现有 15 万人口，中共部队、机关人员两万多人。一两个月以后可以有普选产生的市长。"子冈问："以后民主政权建立，基层组织如何办呢？"他说："名称没有什么关系，主要的是民主制度的有无。人民有了自由一切好办。政治委员会实行三三制，即共产党、国民党和无党派人士各占三分之一，由普选产生的边区参议会选出。"

宋劭文对外国批评共产党只能在乡村有办法，在城市未必搞得好的回答说："共产党在城市里缺少经验是事实，但是我们愿意像小学生似的学习。"

关于人民生活的改善，他说："工人、农民、小商人、小职员、教员们的生活的确是改善了的。工人增加工资 20%~25%，农民实行二五减租，摊贩由数百增加到八千多，较大商号有 2.6 万家。薪水是以小米计值的，工人每月至少能拿 350 斤小米的钱，按市价计算，可以赡养三口人。""工农的增产运动在进行，大家为了好光景在突击。"子冈写道："张市略具都市的规模，却无都市的烦嚣，我没有在街上找到乞儿。公共汽车是公营的，洋车寥落，清早有清洁夫在清扫街道，夜间路灯通亮。在小街上我找到翠香班几家妓院，听说妓女离开张垣的很多，因为没有生意，虽然这儿没有花捐。"

子冈在通讯中专门写了一节"为人民服务"。她写道："记得延安中外记者团的考察印象，曾有多位指出中共组织严密以及毛泽东先生号召的贯彻。我发觉，'为人民服务'不是一句空空的口号，而是被活生生地用在他的干部行动中了。"

老百姓在这儿受到尊重与爱戴。到张垣第一天的下午，交际处的张藻南同志（瘦小的广东女孩子，一身草绿棉布军装与棉帽，脚上一双多尘土的黑布棉鞋）伴我去蹓大街，看妇女联合会和晋察冀日报的人。

“你们为本地的妇女们办了什么教育工作了？”我问。

“不，我们也同时向她们学习，从她们那儿取得教育。”她马上纠正我，使我脸红了一下。她告诉我，她们如何从经验中得了教训，只有在医药卫生或是增加经济生产的工作中才能团结一些妇女，空口宣传是无用的。有一个时候，很多女同志受产婆训练，分发到乡村中去为农妇接生，当初女同志们为管这项“革命”工作觉得恶心，但是后来才承认那种想法是错误的。

像在乡村中一样，农会、工会、妇联会等也组织起来了。拿妇女工作来说吧，区妇联以下有街妇联，识字读书以外，参加一切社会活动，争取民主权利。妇联会门口挂的一副对联可以说明她们的工作目标：“持家大道勤生产，建国宏谋爱人民。”为了打进妇女群众中去，做妇女工作的适合当地情形，不穿旗袍或军装，而穿短棉袄棉袴，戴了口外的皮帽子。如果我是张市的半农村味的妇女，我定会觉得她们并不陌生。

为了适应人民注重废历年的习惯，张市自除夕起机关学校商店放假一星期，工资薪水照给。初三那天庆祝和平胜利大会，五万市民（占全人口三分之一）闹翻了天，四十四队秧歌、霸王鞭、跑龙船拥来挤去，到初四初五，记者也还看到不少。从人民的笑脸上，从女人孩子的新棉袄上，我看到他们生活的丰裕。一位张市负责人对我说：不能只从物价看人民生活水准，要从购买力来看才对，张市人民购买力已经提高了。

社会上在发动拥军优抗以及拥政爱民运动。张垣猪肉铺俗例，店员可以在年底得肉一斤，店员们全部捐出拥军，店主又送给店员每人一斤。由此证明，虽在增资运动之下，张市雇佣关系并不恶。拥军捐款已经捐到百万光景。抗属们受到访问与经常的优待，大众合作社提五十万边币作低利贷款，农村举行精耕细作运动，工厂定出生产标准，要增加一倍二倍。

还有一些新的运动：坦白，清算，实报……宋主任说："被压迫的人民翻了身，今年新年里，张市人民的欢欣不是没有因由的。"解放饭店的茶房笑嘻嘻地说："现在的日子好多了，养两三口人不成问题。"一个小商人说："现在开铺子只剩了所得税、营业税，比以前强的多，自由不受限制。"

过去的蒙疆剧院改为人民剧院，上演过《白毛女》和《子弟兵与老百姓》等剧。《白毛女》写佃农的压迫与翻身，后者写军民关系，是一九四二年晋察冀边区遭受敌人扫荡最多年的记录剧，集合十五个被敌人扫荡杀烧掉的农村事实，写成剧本。亲身在敌后或游击区体验过这故事的人的情感是不同的，张藻南说："一九四二年是我们最艰苦的一年了，经常吃黑豆窝窝，大家把胃吃倒了，后来才扩大生产，光景好起来。"她有一个安吴堡青训班①的同学，在敌人快包围上来时跳岩死了。我记得在新华日报上读过那样一个感人的报道，也许就是她。

这些青年人很多在大学里住过，从中国的大都市里跑去为人民服

① 安吴堡青年训练班是中共中央青年工作委员会以西北青年救国联合会的名义，在当时的国统区陕西泾阳县安吴堡创办的，自 1937 年 10 月创办到 1940 年 4 月撤离，共开办 14 期，培训了 12000 余名学员，被誉为"抗日青年的熔炉，青运史上的丰碑"。

务。也许他们经过一些痛苦的过程，克服了知识分子的弱点，但是我没有发现一张发愁的懦弱的脸，谈起北平天津这些大都市难免向往，但是他们说：等民主政权建立的时候，我们会来的。

抄几条春联来看看张垣的年景吧："群策群力求民生，减租减息享太平。""人民救星共产党，民主守城八路军。"最常见的一个标语是"建设民主繁荣的新张家口"。

在张家口，子冈见到了众多文学、艺术、社会、科学、新闻、教育、音乐、戏剧、美术等各界作家、学者，其中包括丁玲、草明、成仿吾、何乾之、于力、艾青、林子明、萧三、萧军、张庚、古元、邓拓、胡开明、张如心、陈明、钟敬之等文化名人，"几乎张市全部文化工作者全见到了"。

在张家口，有包括文艺、法政、教育三院的华北联大，成仿吾是校长兼法政学院院长，艾青是文艺学院院长，于力是教育学院院长，林子明是教务长。于、林二位都是燕大老教授，子冈问他们想不想回去执教，他们笑说："怎么会想呢？这儿倒真能替人民服务。"

联大有三百多平津新去的学生，三院学生中，除文艺学院需学外国语的费时间外，其余都于半年毕业后分发下乡，做群众工作。入学考试与一般大学不同，不考理工功课，只要有相当常识，对政治认识清楚，有听讲记笔记的能力，便可以录取。在校一切食住费用学校负担，吃小米饭。

延安的自然科学院迁来与张垣工业专科学校合并，正在招生。我看到一张农专招生广告，上面写着"各地劳动英雄，农会干部尽先录取。"此外有普通中学一，医学院一，回民中学一。据说边区中学生只有八千人，今后一定会增加。

晋察冀日报缴获了伪蒙疆日报很好的一份遗产，白报纸一大张，逢节日印红色，卷筒机印，有时加插图，据说印三万份，存纸闻够用半年多。此外部队有报纸《子弟兵》，工人有《工人报》。日报还有点农村作风，午后六时齐稿，许多新闻赶不上登。大半稿件皆依赖各军区的新华社，是人民活动。

丁玲在写一个剧本，“这剧本是写工人翻身的，是宣化一个铁工厂的真实故事，我们到那里去看过，写好以后还要去宣化征求工人们的意见，念台词给他们听，请他们修改。”她还是一口湖南话，自称顽固。八年来她在前线、下乡、学习中兜圈子，进过马列学院，研究过整风文件，她觉得参加集体学习改正了她不少生活习惯，她比较喜欢下乡向人民学习，汲取写作的养料。“我多么挂记陕北的人民啊”，现在她却来到了张垣的日本式的一所住宅，“那儿的人民身经革命，从困苦到丰裕，老百姓可爱得很。”她也不承认在城市里的群众工作便没有办法，“同样也有好处的，譬如知识水准高，开通。”

萧军说想来北平写作办出版，延安印刷不够用，尽先印老百姓与部队用的通俗读物，高级的文学作品比较难印。他进过中央党校，但没有入党。几年不见，他添了一串孩子，也添了一串娓娓不倦的非八股式的活理论。“我在延安住着有三不怕：不怕冻馁，不怕轰炸，不怕绑票。”在武汉他曾被绑过一次。他不承认在边区没有个性自由。他说这几年的经历接触，够他写十年而不致材料枯竭。

杨朔到宣化工厂考察去了，未曾见到。作家们在这儿来去自由，有任意汲取资料的方便，只要是为人民服务。作家们一样得到衣食供给，包括他们的妻子儿女，……如果以人口与文化人来做比例，恐怕张垣是文化气息最浓厚的城市了。他们改变了中国知识分子传统的向上看的作风，他们的眼睛全是朝老百姓瞧着的。

子冈如此盛赞解放区的报道，公开发表在国统区的大公报上，引起了巨大反响，无怪乎国民党怀疑她是共产党。事实上她的确是中共党员，只是秘密身份罢了。大公报敢于全文照登，也是需要勇气的。

还都容易还乡难

抗战胜利之初，国民政府就开始着手还都工作了。1945年9月23日，日本投降后一个月，从重庆起航东下的第一班“民联轮”载着第一批政府机关接收人员到了南京，第一件事就是找房子、抢房子，闹得鸡飞狗跳。重庆方面不得不出来干预。10月3日，大公报消息：“军政当局以赴京接收之各机关，为启用办公房屋，连续发生纠纷多起，而后到者则颇多向隅之苦，兹特通令，除农林、社会、粮食三部及战时生产局、运输管理局等战时新设机构，须另行呈准征用或租赁房舍外，其余战前原有办公处所之机关，一律迁返原址，并严限各机关不得故意征用不必要之民房，以免滋扰。”

此后，国民政府各机关及人马陆续迁回南京，只待蒋介石等最高首脑回来，举办“还都大典”。1946年4月17日，大公报南京专电：

南京现在真开始热闹了。飞机每天带来两三百人，各机关不再仅是空衙门，来的大半是经过了九年苦难的公务员，衣衫都不全，报上都有以他们为对象大谈节约运动的。马路正在修补，公共汽车更显得拥挤，物价仍如野马奔腾，房荒依旧。有关机关开会多次，不曾添出一间房。美国活动房屋运到了四五十间，却有一部分材料被偷窃，至今连展览都不成。国大代表最远的西藏代表反而早到。该会是否能如期举行，官方虽一再作肯定声明，但仍不能过分乐观。大家有兴趣的是梅兰芳即将来京演戏。

5 月 2 日，“还都令颁后之南京已成为国家政治心脏。关系国内和平大计之东北停战谈商，首将在京重开，其成败可卜国运前途。”

5 月 4 日，周恩来三日晚在京接见中外记者，声明中共对东北问题的态度，应首先实现无条件停战，再谈其他问题。

5 月 5 日，上午十点，国民政府在中山陵举行祭陵大典。随后，在“首都各界庆祝国民政府还都典礼”上，蒋介石发表训词，强调要为“东北整个的行政与主权的完整”而“继续努力奋勉”。

东北问题的焦点在长春。苏军撤退后，民主联军占领长春，中共中央东北局及民主联军总部即设在长春。国民党军依仗兵力和装备上的优势，继拿下四平之后，又对长春大举进攻。中共避其锋芒，撤退至哈尔滨。5 月 23 日，国民党军占领了长春。国民党参谋总长陈诚宣布：六个月就可以解决共产党问题。

6 月 7 日，在马歇尔的斡旋下，国共达成东北停战 15 天的协议。22 日起，停战令又延续八天。

6 月 23 日晨，上海各界十多万人举行声势浩大的反对美国干涉中国内政的示威游行，同时欢送马叙伦等十位和平请愿代表前往南京。下午，请愿代表到达南京的下关车站，被一群自称“苏北难民”的人围追殴打，马叙伦、雷洁琼等和在场采访的大公报记者高集、

《新民报》女记者浦熙修均受重伤。

36年后，高集回忆了他和浦熙修当年经历的“下关惨案”：

……我们看到车站外面聚集着一些人，鬼鬼祟祟，不知在搞什么名堂。进到站台上，却显得异常的冷清。除了我们三人之外，还有其他几个报社的记者，以及各民主党派的一些代表。熙修和我都感到奇怪：为什么迎接上海代表的场面这样的冷清？事后才知道，原来国民党特务早已封锁了车站，广大群众是进不来的。

上海的请愿代表下车后，在走到出站口的时候，突然出现了几十个自称是“苏北难民”的暴徒，不容分说将十位请愿代表包围起来，连推带搡将代表们强行拉进了车站的候车室和餐厅，门口却站上了带枪的国民党宪兵。车站大厅里，大约有几百个暴徒……对着上海来的马叙伦、阎宝航、雷洁琼、陈震中几位代表狂呼乱叫，拍桌子掼板凳，逼迫几位代表带他们去向共产党“请愿”，遭到代表们的严词拒绝。宝航同志看见了熙修和我，忙说：“两位记者也给请来了。好，你们来听一听！”暴徒们赶忙把我们俩推向候车室的另一角落，不让我们接近代表。我们掏出了名片，声明我们是记者。一个穿着长衫的暴徒狞笑一声说：“什么记者，你们就是共产党！”暴徒们喧喧嚷嚷，对着我们俩人吵闹不休。熙修面对着这种横暴，却异常地冷静。她对暴徒们说：“不要吓唬人，你们这样来对付两个记者，不过是怕我们对外报道！”熙修的镇定态度和锋利的语言，使暴徒们失措。

暴徒们劫持代表不行，恐吓记者也不行，于是提出要阎宝航同志到大厅中去向几百个暴徒讲话。熙修和我也要跟出去。暴徒们不答应。熙修马上说：“去两个不行，去一个吧。”暴徒们狂叫：“一个也不许去！”我们通过玻璃窗看到宝航同志站在一个台子上，面对着大厅里几百个暴徒侃侃而谈。随后听见一片喊“打”之声，暴徒们企图侮辱宝航同志。宝航同志毫无惧色厉声斥责暴徒后，从容走下高台，穿过被惊呆了的暴徒们，回到了候车室。守在候车室里的几个暴徒狂怒了，一拥而上，拳脚交加，向着宝航同志扑过去，把宝航同志推倒在地，宝航同志又坚强地站了起来，再推倒，再站起来！

在混乱中，一个自称是国民党南京市政府新闻处的人来到候车室，说要把被围困的两个记者接出去，……出了候车室，在大厅中的暴徒们立刻向我们围拢来，拳头像雨点一样打在我们两人身上。走到了大厅门口，熙修的头发被一暴徒揪住了，熙修奋力挣脱之后继续昂首前进，但是已经出不去了。我们又被推搡着回到了候车室。熙修的头发被揪掉了不少，她和我的衣服都被撕破了。那个新闻处的人跟进来表示抱歉，熙修说：“这场丑剧是什么人策划的你应该清楚。作为我们来说没什么，我们出去是为了搞报道，出不去将来也要报道。”

候车室里的混乱，一直从下午 6 时持续到晚上 11 时。突然守在门口的国民党宪兵不见了，于是大厅里的暴徒们冲进了候车室，用汽水瓶、茶杯、痰盂、椅子，向请愿代表和两个记者大打出手。马叙伦、阎宝航、浦熙修、雷洁琼、陈震中都受了重伤，我也被打昏在地。大约十分钟左右，暴徒们撤走了，候车室里是一片劫后的惨状，桌椅残破，杯盘狼藉。一场暴行就这样结束了。

“下关惨案”发生后，各界纷纷要求法办凶手，追查幕后策划者。

在一片谴责暴行、呼吁和平的声浪中，蒋介石竟下达了进攻中原解放区的命令。6 月 26 日拂晓，国民党 30 万大军分四路，向位于鄂豫两省交界处的中原解放区发起进攻，内战之火全面点燃。

国民党政府可以顺利还都，官员和富人们还乡也是高高兴兴，而众多穷苦百姓却有家难回。特别是随着内战全面爆发，又产生了大批新难民，这些人还乡更难了。

就在国民党政府积极筹备还都时，大公报2月6日镇江专电：

战火虽熄，交通未复，苏北难民返乡成为当前一大问题。镇扬方面人数万余，严重性较小，徐州则大不相同，海州、宿迁、涟水、泗阳、睢宁等县难民麇集徐州，数近十万，欲归不得，情况殊惨。徐埠三个月前只三十万人，现已超过七十万，食住燃料均感恐慌，生活指数较京沪高约一倍，一般人均痛苦呻吟不已，客籍难民更可想见。……救济物资姗姗来迟，此间徐海、淮阳两同乡会今再电善后救济总署苏宁分署，请迅设法救济，以全民命。

不仅老百姓还乡难，大学教授们回家也难。大公报7月12日重庆专电：

清华、北大、南开三校复员工作自五月四日开始，现学生大部已分途乘车离昆。五月份三校教授过渝飞平者尚称顺利。惟自六月十日起，因在渝飞机多已他调，无机飞平，迄今一月，渺无下文。三校教授冯友兰、汤用彤、金岳霖、冯至、周炳琳、陈序经、陶葆楷、黄子通、姚从吾、邵循恪、蔡维藩等及其家属共一百余人，仍滞留此间，困居于上清寺三校之“招待所”中，屋小人多，教授们均自称难民，谓住处与贫民窟无异。冯友兰谈称：“不久以前，梅贻琦、傅斯年两先生曾为此事谒蒋主席，主席当即令交通部航委会对三校教职员给予搭机北上之优先权。命令传了下来，似乎就已变质了。”现已近秋，傅氏在京就近设法尚未获回信，只得在此静等。

“处处硝烟味，哪里可安身？”一位在北平的难民投书大公报诉苦：“一家三口，既冻且病，卧床不起，再不缴房钱，定被驱逐。”子冈随即采访了他。

这位难民是山西雁北人氏，日本投降后，一家人到了太原。然而，太原城内不准外来人落脚，只好留在城外，但由于“防卫上的关系”，城外也不容其存身。因为，没有在当地住过六个月的人不准上户口，也无资格领取居民证。不得已，他东告西贷，在太原购得北平缺乏的商品，随行李坐火车邮递。谁知车未到石家庄，铁路已经中断。辗转到平，盘费一空，货物也已不知下落。“夜里妻儿立于马路，等候天亮，变卖随身所穿衣物，仅值万余。迨写信之日，绝食已一日一夜……”子冈写道：“他的遭遇正是今天内战下的必有遭遇，希望成了绝望。夜冷风厉，妻哭子泣，由一叶而知秋，人民不知到哪里求到出路。追求明天的人们，何时可到天明。抗战完了，这种牺牲是不是应当的？”

子冈在另一篇报道中还写到收复区的失业问题：

有人说在收复区有三多：房子封条多，老爷法币多，小民眼泪多。记者深深感觉还有一多，那便是履历片子多。去问任何一位收复区长官吧，谁不是存了一抽屉的履历片，拉上乡谊故旧，有一丝缝儿便钻，但往往见不到主管人的面，便丢下一张履历片儿，怀着阵希望走了。

行营招考五名书记，报考的有一千多人，报名截止日还差着一天呢。冀热平津救济分署招考几名录事和中英文打字员，也是挤得像是大学考试，男女都以百计，其中大半是真的无业，小半是骑马找马，因为眼前的事（职业）在飞涨的物价下混不了一张嘴。

目前留用职员都在惴惴不安，他们的试用三个月的限期年底满了，运命握在甄审委员们的手里，市府秘书长杨宣城氏主持其事，各局局长是委员，各机关呈上名册，他们说："这是我们的生死簿啊，看我们奸不奸伪不伪罢。"大约除了荐任以上的，普通的不致大事更动。

平定了几天的物价粮价又上涨了，金银价格也飞腾不已。平粜与救济，但闻楼梯响不见人下来，童冠贤署长与河北省社会处的处长屈凌汉氏计划了半天救济计划，然后掷笔长叹一声，对记者说："东西来不了，全是纸上谈兵啊！"

市政当局却嫌记者们对于平粜和救济的消息发得太早了。我说，那是天冷得太快了啊。北平市平价杂粮一万吨和平价煤末九千吨的消息见了报端，也许可以发生一点望梅止渴的效能的。而惜乎两位宣慰使所能给予人民而人民又只能心领的便只有"三民主义是建国的原则，力量集中，意志集中，拥护……"之类。

与平民百姓生活形成对比的是政府官员、官方机构的待遇，譬如，银行员工五万元法币的薪金就令许多人咋舌。而北平市政府1946年度的预算是一百七十余亿元，"市府以下机关学校的行政费能增加几倍，全仰仗在这上面了。以最近自来水由联币加价为法币为例，或许明年度大家的薪金加四倍也是可能的"。

比国民党当局更"享受"的是美军。子冈写道：

记者有这样一种感觉，或许是错觉，有些人是为美国人而活着的。

就说圣诞节吧，平津的筹备招待庆祝不遗余力，天津的要自圣诞起元旦五日止，每天有节目。此间（北平）有慰劳盟军酒七千斤，牛肉七千斤，法郎玩具及印有“蒋”字“V”字的绸围巾……

拉车的乞丐追逐美国人，妓女舞女追逐美国人，在王府井东交民巷的洋车和三轮，很少中国人坐得起。市政府接收了一百多工厂，其中只啤酒厂开工了，因为美国人要喝。其余的因为怕辗转再被接收，市府尚未敢投资开工。

跳舞场、酒吧间突然增加四五十家，且未呈准社会局、警察局便开张了，已引起市政府的注意，决心取消四分之三。张副市长认为国人游乐尚非其时，市风应该严肃一点。

感谢盟友的是挂在他们胳臂上的姑娘们，这些阔客的手面比东洋小鬼或汉奸们的大得多，加速度的洋泾浜，口吸美国烟，穿着只有几个美金购置的新装，招摇过市，其情可悯。只有她们是从切身利害上欢迎美国大兵停留在中国，永远永远！

北平的女学生特别多，骑车的尤其多，当美国兵兴致来了时也喜欢随便“瞎三话四”，他们却无不碰壁，北平的拘谨的民俗刚刚和新大陆的少爷们相反。

华北悬赏找寻历年来失踪的美国官兵，每名十万法币，这是一个颇具诱惑性的数目，因此通风报信的大有人在，希冀得此重赏。

美军在北平的影片正在摄制，以北平的皇室名胜作背景，美军且借演员数人给制片厂，以便增加其真实性。

北平励志社新恢复，也以招待美军作中心工作，每周排定了游艺会节目，款待嘉宾。市政府特辟胜利商场，供美军购物，货价是以美元为单位的。北海溜冰场也特为美军溜冰时间。

还都容易还乡难，8 月 21 日，大公报发表社评《我们人民的控诉》：

在这国内政治空气极端低压，战乱发展有增无已的时候，作为中华民国的人民，真是困苦悲愤失望到极点了。我们现在每天不知道要悲惨无告的死去若干的生命。又有数字庞大得难于估计的生命正在死亡边缘上过着饥饿、恐怖、流离、困苦及难于形容的不应该有的非人生活。凡这一切向谁控诉？向谁取偿？冤愤郁积，无可描述。我们也一样的有政府、政党、主义，乃至于形式具备的各种议会，而人民大众和整个国家乃闹到这步田地！

……现时亟待复员还乡返家的人民，他们初闻胜利欣喜欲狂，而到现在却弄得不上不下。若千万的人正过着这痛苦生活，仅存留下来的最后生活之资，不被掠于敌，未消耗于抗敌，但却毁于复员的实在不少。主要的运输工具多为政府应差，待复员的人民却无人管。……因内战而莫名其妙的毁家，莫名其妙的流浪的许多苦难的人民，他们的苦难又正是遥远无边……

如果全国上下都一样的过着困苦的生活倒也罢了。然而我们试看：从南到北，从东到西，无论哪一个都市中，都有不少的人度着舒适以至于奢侈的生活。尤其胜利以来，京沪一带的奢风，较之战前有过之无不及。国家如此闹穷，却为什么有那样多的富翁？这一个显明的对比的存在，也就是社会病态的所在。

胜利是人民争来的，眼看要在人民面前消逝尽；和平是人民所期望的，它却偏偏不来。这是我们人民所要控诉的。

十里洋场与梨园苦情

大公报社评所说的“京沪一带奢风”是怎样的？请看大公报记者张如彦[①]1946年2月通讯《上海见闻》：

上海仍是这么繁华，人口已经超过四百万。今日的上海，街市上的建筑和人们的面孔没有留下一点战争的痕迹，从重庆来到这里的人们，回头再看看长江与嘉陵江合抱着的山城，就不禁发出一些微笑，原来，七八年里作为抗战精神堡垒的重庆，只不过是一个小小

① 1947年1月5日，张如彦奉派乘飞机到青岛采访，飞机失事死难，年仅27岁。他老家在河北，父母在北平。他1942年南下，1945年燕京大学毕业后加入大公报，原本准备结束青岛采访回家探望双亲，却也不幸成为没有能够还乡的人。大公报辟专栏悼念这位同人，张高峰写道：“如彦是再也哭不活了，你死得多冤枉！如果国家像点样，别人已经无辜牺牲了，就不应该再牺牲你。我为你惋惜，我痛恨这一切不上轨道，事事不求改进的组织，马马虎虎的民航。在追悼如彦的时候，我更想起两周前在沪坠机毙命的同学曾明安。政府：不要再‘推’了！民航公司：不要再‘拖’了！负起你们的责任！人命最不值钱的固然是我们这个国家，但血淋淋的事实摆在面前已经无数次了，我们还不能接受教训，该多可耻！”

的城镇，竹皮的房子是那么不坚固，街道简单到只有一两条可以行驶汽车的马路，马路上嗡隆着的汽车都是些老牛破车。在山脚上刚刚开设了一两个小歌舞厅，就闹得满城风雨。

重庆人到了上海，有的是发了财的，但也有不少人变成了乡巴佬，站在苏州桥上，仰望着百老汇二十层楼顶，不免惊讶一声："好高哦，怎个爬上去呀！"他们不只没有使用过电梯，连听说过没有都成疑问。曾经歌颂过嘉陵夜色的人们，今天已经在抚摸着上海的霓虹灯了。实在说，上海最低等的茶室都可与重庆最上等的相比，而电影院随便搬一家到成都、昆明都算是头等。到了晚上，霓虹灯到处闪烁着，把天上的星星都染上了粉红色，把地上的马路照成一片过亮的红光，使摸惯了黑路的乡巴佬反而看不清路，偶尔还要绊个跟头。

重庆的协商会议、北方原野上的战争，在上海激起的波浪就好像一棵枯老的树根下一群小蚂蚁在口角，在火并。这里很少听到对于政治的苦闷之声，相反的，一家报纸登载了孙儿要出世的消息，另一家报纸说新汇率要超过一千五百元，于是上海的市场就乱了。

记者到上海一个半月了，报告一些这里最出风头的人和见闻。

风头最健的要算美国水兵了。在后方"顶好！顶好！"的美国空军到了上海就变得温柔了，与水兵们比起来就好像乡下的大姑娘，很少引起人们的注意。水兵们像野孩子，走在街上，一高兴就在商店门口跳舞，喝醉了酒就大声喊叫，一切不在乎。关于"吉普女郎"，上海人并不觉得太稀奇，但这里有两个人坐的三轮车，所以"吉普女郎"几乎变成了"三轮车女郎"。此外，还有一种"Nice Girl"（好姑娘），大街上常有小孩子们带着印好的关于"Nice Girl"的英文说明书，送到水兵们的手里，如果水兵满意，他们就会把水兵领到"Nice Girl"住的地方。

其次该谈到我们的士兵了。当收复军刚来到这里的时候，老百姓是一片热诚的欢迎，但这热诚被浇上不少冷水。一次在电车上，一个士兵被一个老百姓挤了一下，士兵就打了那个人两个嘴巴。老百姓说："日本人打我们都忍过去了，自己弟兄就更没有可说的。"一个穿便衣的人坐车不买票，卖票员问为什么？那人说他是军人，"我有手枪啊！"还有一次，一群士兵砸了一家戏院，某报就登了XX军士兵砸了戏院的消息，晚上，就有十几个士兵到那家报馆去质问，"是哪个记者写的？叫他出来，枪毙了他！"

再次，出风头的要算有汉奸嫌疑的人了。新新公司总经理李泽就是一个例子。为了捉李泽，上海很热闹了一阵。有人说，李泽有金条，是不会被捉的。并且举例说，某公司总经理也有汉奸嫌疑，但是他已以少将资格带着儿子飞到新大陆去了。谁给的少将牌子？还不是金条的魔力。李泽本来也要去美国，只是迟了一步。

上海究竟是一座什么样的城市？没有来过的觉得它神秘，住在这里的就陶醉，什么样的人到这里都有办法，怎样严肃的事物到了这里都会变样。有人问澡堂里搓脚的："政府要取缔了，你们怎么办？"他们很不在乎地说，搓脚的生意不靠澡堂里，主要的顾客是公馆里的小姐们。在电影院，忽然映出一张广告："清洁尚未成功，扫除仍须努力！"孙中山先生也被卖肥皂的利用了。

上海的十里洋场奢靡成风，北平的梨园界却在苦撑。大公报记者子冈做了采访，她说："在北平的几十万失业人口中单独注目于三千多梨园界的失业者，也许是很多余的。但是再三思索以后，我还是决定写。因为平剧（京剧）之存在是构成这古老文化城的因素之一。"她写道：

尽管梨园界泰斗死的死散的散了，尽管四大名旦中的梅程两旦全到上海义演了，北平的戏味还很浓，无线电广播最受欢迎的节目还是平剧。你走在任何一条小胡同里会听到胡琴声音和训练有素的歌喉。小报戏报的销路甚好，连三轮车或洋车夫也津津乐道一些名角的新闻。

虽然，三十几家娱乐场所只有六家肯演平剧了，而且还是偶一露演，而且这偶一露演若非义务或慰劳戏，便是集大成的合作戏。上海的娱乐场所为抗议过重的捐税罢演，北平的娱乐捐百分之五十，印花税百分之十，票价限定最高价九百，为应付各方还送出不少客票。十五家以上的平剧社早不演营业戏了。哪个名角要挑牌子唱戏不赔钱算好的，事实上动不动要赔十万八万，于是便都宁可歇夏了。可是一位颇负盛誉的名伶凄苦地对我说："我们不敢说歇夏啊，谁不怕这么高的生活程度！"

三千人背后连妻儿们有一万五千人左右，他们改行的改行，摆摊的摆摊。出宣武门到珠市口迤逦几里路的道上，随时可以找到这些半路出家的商贩。他们每个人脑子里全有那么多的喜怒哀乐的戏，但实际生活却逼着他们一直要演最残酷的戏。这里面有班底，即配角、龙套、乐队、场面、检场的、打帘子的、梳头的、看箱的，背包袱的，我好像时常会在这儿遇到话剧《风雪夜归人》里主角似的。

敌伪统治北平八年，北平的平剧界凋零了八年，"圈里儿"人甚至用"可怜"来形容他们的生存状况。但是，他们又不得不承认，既然吃上"这碗饭"，也没有别的本事另"找饭辙"了。没办法，只能混下去。

就像沦陷区的人民不可能人人都跑到大后方或敌后去一样，梨园界也不例外，不可能生旦净末丑带跟包的全班人马逃难。更何况，梨园界传统上就比较保守与消极，这既与他们的社会地位有关，也受到他们所受教育的影响。作为有闲与有钱阶级消遣品的“玩意儿”，即使改朝换代，在统治者眼里他们都是“优伶”，没有人高看他们。他们自幼学戏，接受的全部教育就是戏，而且大多是充满了封建意识的戏，很难谈得上进步，大部分从业者不过是以此作为生计罢了。

抗战期间，程砚秋因为不甘受日本人的欺辱而归农辍演，梅兰芳蓄须明志隐姓埋名不再唱戏，一度传为佳话。许多人不知道的是，谭富英也挨过日本人的耳光；金少山也不得不去给特务瞎捧的三流女角唱“二块牌”，敷衍搭配；特务们可以随便打电话给梨园公会，要坤角去陪酒，否则便叫日本宪兵队抓人……沦陷区的梨园界说起敌伪宪兵特务的恶行，人人恨得咬牙切齿。子冈写道：

敌伪时期北平的国剧分会是隶属于“新民会”的，一切统制自然极严，戏剧充分地被利用为政治压迫或经济榨取甚至军事协助的工具——如同演慰劳皇军或募集飞机基金的戏等。经过“三六九”画刊主持人陈福昌的拉牵，几乎全北平的优伶全去伪满演过戏，跑的码头也正是沈阳、长春、哈尔滨三处。据去过的人对我说，大约为了东北沦陷更久，那儿的为虎作伥的奸伪们欺凌起伶人来尤其凶恶，稍稍伺候不周就拳打脚踢。“我们只有当孙子的份儿！”

就这样混过了八年，他们从广播里听到日本投降的那一刻起，便准备旗帜标语欢迎国军。据说曾经一连十多天每天有几百人聚会在国剧分会，等候去欢迎国军的命令，热心的人给自己这一行打气说：“这还不该振作起来发挥一点国家民族的思想么？”……好容易有一天知道从西苑释放出一批在敌伪时期被俘的官兵，梨园界人自动掏腰包跑到国会街搭台演戏给他们看。从这时候起，他们便演开了慰劳戏了。之后是欢迎盟军、空军、孙长官、李主任、何总长、白副总长……有人告诉我："总之是海陆空军全欢迎到了。"

不论欢迎慰劳或赈灾，名角是一钱不拿，只拿脑门钱，自己有时赔上车钱。脑门钱有时包括音乐七科的人，及后台梳头看箱扮戏等十多人。一位女伶对我说："我从天津唱营业戏回来三个月了，回北平来戏没少唱，但很惭愧没往家里拿回过一毛钱！"

有的欢迎或庆祝戏可以拿到一些开销钱，但少得不够唱一堂戏二三百人分配，譬如欢迎白副总长拿下二十万来，长官部、政治部建国堂开幕演唱拿到六万元，这二十六万元事隔三四个月，因为不好分，反而贴到每周演五场（最近改为演三场）的慰劳国军戏的开销钱里面了。

每星期日午场(上午十一时至下午三时)五班或三班的慰劳戏，成了当时北平梨园界难以排解的烦心事、大"包袱"。这"任务"是警备司令部副官处派下来的，理由是："在后方，戏园每周都演一次劳军戏，你们为什么不演？""官差"难辞，加之当时物价还便宜，梨园界几经磋商，只好应承下来，自贴脂粉、颜料、车钱，只给雇来的临时龙套一些钱(当时北平梨园界正式龙套只剩两个人了，有戏临时到天桥雇苦力充数)，两个月来便在每星期日唱五台戏慰劳军警，交换条件是取消平时的军人半价票。这样演了四十场，起码的开销就欠了一百多万元，更由于物价扶摇直上，每个班底和场面上人都白垫不起了，于是三百多人便齐心来了一次大罢工。子冈说"开了北平梨园界的新纪元"：

这罢演牵涉到经济上的原因。因为除了上述二十万及六万两笔成为悬案的钱外，还有两笔底包没有拿到。因这些悬案未决，所以名角以下的人皆误以为主持人中饱，“你们又得名又得利，光叫咱们班底龙套卖命，不干！”于是外在的矛盾引起内在的矛盾，今天的北平梨园界真可以说紊乱贫穷得不堪的。

他们也想挣扎，也想演一次戏赈济自己，但除非是官方叫救济别人，否则不能免税。连一位女伶都说：“似乎只有我们唱戏的是税源是财源，救灾是每个人民的天职，不定非演戏募款不可呀。我们自己都需要救济呢。”

为了每星期日同时演五台劳军戏太多，他们曾找过警备司令请求减免（北平十五家剧社轮流演出，分三组，班底总是那几百人）。于是减为每周三台，一直继续到现在及将来。慢慢地军警宪来看戏的也减少了，有时一个园子只有二三百人，角儿们怎会习惯向空板凳演唱呢，于是唱得无精打采，如坐针毡。

梨园界所期望的几件事是：（一）免演经常的慰劳戏，或减为一周一场；（二）不限制票价，戏要人来演，与电影成本不同；（三）演义务戏救灾戏要守信地给开销钱；（四）以国家力量来扶植改善国剧，以便旧艺术得到新的发扬。

富连成和戏曲学校皆已云散，目前在挑牌子唱戏的多还出自这两个系统。记者访问了几位名伶，从外表看，因为他们若干年前曾经有过优厚的收入，住的大多是深门大院，生活方式是近乎他们所附骥所倚赖的有钱有闲有势的那个阶层的。但据他们再三表白，生活的实质已大改变。或者像萧长华，依靠当年有包银，他现在可以吃瓦片作房东。或者像叶盛章，依靠封建的师徒关系，他从徒弟张春华在沪演唱四百万一月包银上，可以获得不小的一份孝敬，或者依靠一份小本钱兼营商业……这些梨园界的天之骄子，是不能抵偿他们同业间普遍的贫困与潦倒的。对于这些人们，我寄予无限的同情，尽管是他们不会稀罕的。

这几天，他们又在为湘灾义演了。

看京沪 念中原

内战全面爆发，对于奢靡的京沪城市生活似乎并没有产生多大影响。1946 年 8 月中旬，子冈搭乘军调部美军飞机到南京，又到苏州、上海逗留几天，回到北平后写了一篇自称“浮光掠影”却观察细微的《京苏沪杂记》：

我有十个多月没有去南京了，那时节，徒手的日本兵还满街散步，偶见中国宪兵纠查他们时，我们的老百姓们相顾失笑，含着报复的意思：“你们也有今天啊。”光复一年之后的南京，日本人的药品广告以及伪政府的墙头标语总算少得看不见，只在京沪线火车途中偶然还可瞥见。打开南京报纸，找不到像平津家常便饭的抢劫新闻，但是关于苏北难民及饥饿的报道，京沪线上新四军行将暴动的预告，以及若干报纸社论的声色俱厉的驳斥异己言论……这一切都似乎足够震慑南京人民的心灵。如果我是罗斯福，要加一项“免于震慑心灵的自由”。[1]

走在南京的马路上，使你有空荡荡的感觉。当我知道南京似少有报纸销过万份时，我猜知南京市民心里也一定有空荡荡的感觉，否则为什么对文化的需要如此淡薄？是因为报纸不能填塞心灵的空虚？还是因为京沪的烧饼油条五十元一个，所以嫌百元以上一张的报纸太贵（京沪白面只万元挂零一袋，也是被美国面压的）。一位朋友干脆告我说：“南京无文化。”这批评自然失之刻毒的。……为了南京城的辽阔，记者们也多有自备三轮与汽车者，这派头或者颇使在北平骑车出入的记者们艳慕。玄武湖励志社[2]等地成为新闻酬酢地点，……一个大“凯”字画在梅花的纸型里。这个标帜人们熟悉了一年，但是今天却似乎光彩黯淡得多了，有人说我们是惨胜，有人说我们在国际麻将里仅仅拿了赢家给的一点梦钱，有人说我们弄到这步田地是为了执拗地在作清一色。

……中外记者都注目于梅园新村与蓝家庄。[3]马帅官舍及司徒使馆的堂皇，使久在重庆的我为之咋舌，似乎只见之于外国电影之中的那样光彩夺目，……政治中心在牯岭[4]，南京说起来是十分沉寂的，但记者们仍不放松南京，记者们注意中共与民盟的反响。

……除了美国兵与吉普车以外，尚不十分触目皆是美国货。我只

---

① 指罗斯福著名的四大自由论，即言论自由、信仰自由、免于贫困的自由和免于恐惧的自由。

② 励志社的前身是黄埔同学会励志社，由蒋介石创立于1929年，蒋兼任社长。其总部即设在南京玄武湖湖畔，主要是为蒋介石、宋美龄夫妇以及国民党高级官员提供后勤、娱乐服务。1946 年 2 月，国民政府战争罪犯处理委员会在励志社大礼堂设立审判战犯军事法庭。

③ 梅园新村是中共代表团驻地，蓝家庄是民盟总部所在地。

④ 牯岭，指蒋介石在庐山。

在中央商场看到美国货与国货的强烈对比，白云牙膏在与固齿灵抗衡，国货雨衣在与玻璃[1]雨衣抗衡，而最起码的玻璃牙刷与木梳，最傲盼不可一世。朋友请我到中央餐厅吃冰，北平五六百元一客的这里要两千，恐怕放的是美国原料，而贵的是本国人工和餐馆。

在戒严声中我到了苏州，……晚上九点多，苏州的石子路上乘凉的人仍然坐成两行，糖食店小伙计在包翌日出售的小小尖角包儿。过闹市时，依然听得到看得见作广告的乐队声音最耀目爆火。观前街的汽车多一些了，采芝斋糖食店的生意首屈一指，门口乞儿成群。……高利贷在这儿盛行，十万元每月可得两万元。房价高涨，新租的每月约五斗米一间。……雇工也给予苏州的上中层家庭无限愤恼，略有能力的跑上海，上海主妇有专门来苏州“挖”娘姨的，苏州工价一两三万不等，上海则好的要四五万月薪。

小城里对美货倾销的戒惧比大城市更敏锐，老太婆们都会对我说：“美国货在吸我们的血啊，赛过当年的日本货……”我在观前街荡来荡去，果然发现两边人行道上摆满了美货摊子，连小外甥女都说：两百元一支的美国铅笔不容易断铅，比一百元一支的中国铅笔上算。苏州的娘姨、小大姐几乎人手一支玻璃木梳。

小城里的人们最关心物价，对国共问题还有些摸不着边儿。这一年里，我又听到若干亲友在潦倒中死亡，我又看到一些胜利以后的新的孤寡，我狠心地在心里说：不用悲伤，让你底儿子、母亲、兄弟们安息吧，他们活着像蚂蚁，思虑忧愁的范畴未曾超过油盐柴米，甚至在这枯井中凋落以致疯狂，然而疯狂了几年依然活得如同蚂蚁，没有谁关心解救。

……倒是有几位教授文人在苏隐居，例如费孝通、潘光旦、沈从

① 这里的“玻璃”指美国的化学、塑料制品，下同。

文等，但他们似乎只愿在这宁静的小城隐居一个时候，很少被外面人知道。据说费孝通先生已深感恐怖，每对朋友发言总怕隔墙有耳，他说：“死并不可怕，不过当你知道你或许将要死的时候太可怕了。”

如果说，子冈在南京看到更多的是政治，在苏州看到更多的是市井，那么，在上海，她看到的则完全是“十里洋场”了。

到了上海，就如同到了美国。这是真的，当我坐在早班的京沪车去沪时，在车厢里就有这感觉。大量的《生活》或《展望》杂志摊开在乘客眼前，每本六百元，只合三份报纸钱，比一本小型中国杂志要便宜多多，《生活》杂志每期在沪可以销六七千份，相当于我们一个杂志的最好全部销数。罗曼·罗兰的巨译著《约翰·克利斯朵夫》去年印行一千册，至今尚未售完，每部四册售两万一千。以上海住一夜小旅馆也要超过此价来说，人们对于文化需要之淡漠是可惊的，真正需要它的人又是油条、大饼、亭子间问题第一呢。

南京路有一家中国图书公司，除了销美国期刊外，便是美国的流行单行本，不论大小一律千元一册，外汇变价以后加到一千五百元。任何公事房的会客室都可以找到几本美国杂志在待客。而许广平女士和其他鲁迅纪念委员会的先生们却在为印行一千部鲁迅全集而忙着。十月十九日是鲁迅先生逝世十周年纪念日了。每部二十册，预约共十万元。当年对父丧不甚了了的海婴，今天已在忙着为父亲出全集的事了，这怎么不像梦！

当时的上海，不但上层妇女喜欢用美国货，就是一般的家庭主妇也抵不过价廉物美的诱惑。子冈在许多一向生活节俭的朋友家看到，他们的早餐也多以奶粉、面包、果酱为主了，除了面包是在上海烤制的，奶粉、果酱都是舶来品。朋友招待她吃饭，用的是罐头肉、橘子汁、咖啡、可可。子冈惊叹：两千元买一磅进口咖啡，却只能买一两杭州茶叶！她还发现，进口塑料雨衣的“下脚料”成了中国女孩子们头上的蝴蝶结，不仅比缎带结实而且耐脏。洋油炉子比国产煤炭便宜，因此也风行一时。由于美国货的冲击致使工厂倒闭，许多产业工人失业，但他们也不得不去买比米面更便宜的美国饼干……说到上海人接受新事物的快捷，子冈举例说：DDT[①] 在北方还在宣传中，而上海已经普及。我住的亭子间，便经常有一位小姑娘来为我善意地打那股子煤油味的气体。果然是十分有效的。

我到上海，正赶上选上海小姐与皇后，及外汇变价，这两件事或许也是八月份上海外勤记者的大事。新闻报为刊登小姐们的照片，由三大张加到五大张，酒店茶房也以这为谈资。鸿路时装店老板发了财，每位竞选的小姐都订几套光怪陆离的时装。据说选票约可得二亿元，但是开销也得一亿元。苏北难民被救多少，则尚待调查。

完全为外汇变价捧场的只有工商请愿团，理由是拯救民族工业。但是市长许的愿保证衣食住行不跟涨，简直是不可能的事。事事与洋货牵连，不许涨价，以后进货更会辗转赔完。我去参观过专售美国货的朱葆三路，自晨至暮挤得像北平庙会，食品药品用品不一而足，比店中美货要便宜二三成，这里也是人最多的地方。许多美国人似为观光而故意走过，他们也许在窃笑于我们十八世纪的生产二十世纪的享受罢。有人说：这种美货倾销，将使中国工业永不能翻身。

上海的浮华叫人痛恨。记者一只满布尘垢的皮包，在北平用着

---

① 当时刚刚流行的蚊蝇杀虫剂。20 世纪 60 年代后禁用了。

极为自然恬适，但到了上海就成为奇观。玻璃皮包已在走下坡路了，不知不久的将来，太平洋彼岸要不要再来一样新发明，那么上海人又可以趋之若鹜了。

对于美国货充斥中国市场，乃至湮没中国文化，8月15日，大公报配发短评指出："洋酒泛滥，洋烟潮涌，'玻璃货'堆积如山。然而外国书籍进口却极稀少。对这现象，自不必如学究之发感喟。撇开美国方面的原因不说，但论中国，文化水准低，大家的学问胃口弱，这是事实。而学校穷，教授苦，何来买外国书之钱？束玻璃带，衔骆驼烟，浑身'美式装配'的人们，当然有力量买外国书，然而失掉灵魂的人毕竟不需要文化食粮。而如饥似渴般急需文化食粮的一部分人，却又徒叹荷包空空。不正常的社会，当然处处存在着这类不合理的现象。"

1946年11月4日，国民政府外交部部长王世杰和美国大使司徒雷登在南京签订《中美友好通商航海条约》。条约规定：缔约国双方彼此都可以不受限制地在对方的"领土全境内"自由设厂、通商、航行。签约当天，王世杰在日记中写道："因中美经济状况不同，所谓互惠实际上仍易成为片面之惠。"

当时的一则漫画这样形容《中美友好通商航海条约》："十月芙蓉不怕霜，平等美名来通商；东洋去了西洋来，国货难和洋货抗。"此时住在上海的人，只要一出门便可看到满街的美国货。不但工业品，而且连农产品如棉花、面粉、大米也是美国货。作家叶圣陶在日记中写道："美国货充斥街头，连最便宜的火柴肥皂也不断运到，小工厂难以立足。"当时担任上海机器同业公会主任委员的胡厥文在回忆录中说："美国剩余物资的倾销，加上官僚资本的压迫，在1946年一年，上海的民营工厂就有76%倒闭。"

京沪一派纸醉金迷，中原却是民不聊生。1946年7月，第一次到河南采访的大公报记者戈衍棣目睹“贫瘠多难的中原，回顾物价高涨、生活不安的江南，比起这里来，依然有天堂地狱之差。这里讷讷言词的老百姓，正沉默着与饥饿和死亡搏斗。”他在《为中原人民请命》的通讯中写道：

这里是个灾国，受灾时间最长，被灾面积最广，而灾的种类也最多。三百多万人饿死，五百多万人流徙，现在呻吟在饥饿死亡线上的还有一千余万人。中原朴实坚忍的人民，多是“打掉牙齿含血吐”的好汉，他们从不愿多诉苦多叫冤，我们对这群不善讲话，无力讲话，不愿讲话的苦难中的人民，应该寄予更多的同情与援助。

民国二十七年（公元1938年）的黄河决口，民国三十一年（公元1942年）的中原大旱，这是外界知道的灾难。此外的陆陆续续的灾难，多已为外方忽略。灾难与河南似乎早已结了不解之缘，抗战期内，河南无一时无灾，无一县无灾。人民习见，政府习闻，多以不了了之。然而，无论怎样朴实坚忍的人民，忍受苦难也有一个限度，超过了这个限度，简单一句话就是死的应该，就是一切毁灭。我们能看着中原陆沉吗？

从行总河南分署和豫省府社会处里，我们看到了很多关于各地灾情的报告。刘茂恩主席那个魁梧的北方大汉，谈到河南灾情时，竟至两眼里汪着满眶的泪水。出席全省行政会议的专员县长们，很多人给我们写信，谈他们那里的灾况，文字有很多的教人念不通。可是我一向相信，越是不会讲话，不多讲话的人，他的话可靠的成分越多。一个哑子在世界上至少比常人少负很多欺骗人的罪恶。

河南今年全省报灾的县份已有六十余县，当中以风灾为多，计有二十六县，掀屋拔树，禾苗尽揠，人畜因之亦有死伤。虫灾在河南差不多是年年必发的，尤其是蝗虫，因为泛区潮湿，滋生至众。幼虫时期活动力即大，食光即再徙一地。飞蝗结队腾空，可蔽天日，捕杀极为不易，故拯救河南农村，治蝗不容忽视。最近四年中全省受蝗灾面积为两亿七千万亩。

战时河南，出兵出粮，以面积和人口作比例，在全国均为第一，他们也像“功在国家，害在地方”的黄河一样，尽了卫国的责任，却没收到保乡的实惠。

抗战期间，河南全省除新蔡一县外，曾经全部沦陷，所以损失也特别巨大。特别是1944年中原会战，日军只用了38天就几乎占领河南全境，而国民党军损兵折将20万，形成大溃败。战争期间，仅就工矿损失论，据统计，战前工矿业128家，各单位损失最少者为50%，损失程度在80%至100%的，计34单位。农村人口受灾及房舍、农具、牲畜的损失，不可计数。以罗山县为例，战前有人口38万，1946年7月已不足18万。戈衍棣在采访中看到，豫西南坪公路两侧百余里内，农田俱已荒芜，农村破坏达90%。他写道：

胜利给河南人民带来了更多的灾难，豫北、豫东、豫南三面均有国共冲突。国军沿平汉线北上受降，被阻于马头镇，于是大军拥塞于豫北一隅。五战区奉命到汴郑受降，而一战区胡宗南的受降部队也出了潼关，沿陇海东进直抵海州，后来又奉命抽回，大军来来去去，供应频繁。中央曾核定豫省驻军三十八万，但事实上驻到七十八万，再加上中共部队和地方团队，驻军约共百万，这百万大军的供应，是河南老百姓身上的千斤重担。催缴军粮，急于星火，不幸今年小麦又是歉收。春季麦苗本极茁壮，但是麦生穗的时候遭了风灾雹灾，于是“茁而不秀，秀而不实”，仅有三四成年景。麦收前麦每市斗价仅一千四百元，现在却已涨至三千元。故全省各地民食极恐慌。自己还没有饭吃，再拿什么来供应军队呢？

看京沪，念中原，怎不令人感慨！

战火中的山西

如果说，河南以天灾为主，那么，相邻的山西则重在人祸。阎锡山坚持打内战，军调执行小组已无法阻止战火的蔓延。

1946年，大公报有关山西战况的报道不断，较之晋西、晋南，更为严峻的是晋北局势。显然，八路军的战略是南北夹击，压缩国统区于以太原为中心的晋中。国民党当局负隅顽抗，战争愈演愈烈。

由于国民党发动的内战规模不断扩大，打通中共晋绥、晋察冀两大根据地，对于巩固根基，扩大战果，以及保卫陕北、支援东北都具有战略意义。因此，攻克横亘两根据地中间的大同，成为八路军作战的重要目标。这也是晋北战事白热化的根本原因。以下是当年大公报有关山西战况的部分报道摘要：

5月2日，据晋北区总司令楚溪春称：就共军近一月内在大同四周所调集之大军情形观察，共军将有大规模进攻大同之举。

5月19日，共军围攻朔县，应县激战，似将大举进攻雁北各地。

6月28日，朔县被占。军调部大同小组召开紧急会议，无果而终。

6月30日，晋局严重，晋北之怀仁、宁武危在旦夕，忻县、定襄境内展开激烈战事，共军正逐步南进。

7月4日，共军围攻宁武，大同形势亦危。

7月6日，晋北共军攻陷繁峙，围攻代县。

7月10日，大同四周完全在共军控制之下。楚溪春将军语记者：大同已进入严重时期。在积极备战下，除在去年即已积极训练民众及商人外，最近对各机关无论男女职员一律授以军事训练，以保卫大同。

7月7日，大同形势严重，纷电告急。指挥宁武山阴区之指挥官张汶龙，以贻误战机在大同执行枪决。晋北左云、应县告急，忻县准备堵城土袋，加紧城防。晋中太谷、介休、汾阳、徐沟县境均发生冲突。同蒲路南北段仍不时破坏，晋境对外交通除正太路通车外，一切均赖空运。

7月13日，大同被围已月余，楚溪春赴城郊视察阵地，归途中在东门外见五千余中小学生击碎石子，以备建筑钢筋水泥工事之用，慰问有加。楚氏语记者：为死守大同，即着手测量围城铁道路基，筑成后利用铁甲车巡视。

7月14日，共军在晋之兵力不若鲁豫之雄厚，惟配以大量民兵，采蚕食策略。同浦北段之重心原平已受三面威胁，恐难久守。当局在太原及百里内编训兵农与工商组，预计为五十万人，以保卫太原。

7月17日，晋北局势万分危殆，国军被迫撤出五台，共军沿同蒲线猛力南进，大战将在忻县地区展开。晋西形势亦逐渐紧张，交城、清源、文水等地迭起冲突。

7月20日，晋北国军完全撤至忻县，大同已成孤岛。

7月23日，晋境战火弥漫，已有不可遏止之势。晋南国军越侯马进驻临汾途中，共军于安邑切截其后路，战况颇烈。晋西晋中各县境亦均发生战事。晋北忻县已入共军围攻之中。忻县为太原最后之屏障，国军誓必坚守，迄今激战未已。

7月29日，晋局愈趋紧张，火药气味弥漫于全省各地。东线国军遭共军之重大压力已撤出沁县，共军积极北进，并向太谷、祁县延伸，威胁同蒲线。南线共军图切断同蒲路南段，太原临汾间之交通已告中断。

8月5日，晋境战况激烈，共军屡挫屡攻，从未稍戢，忻县、应县、大同三城孤悬，同蒲北段守军均在坚苦支撑中。

8月7日，共军对正太全线发动大规模攻势，各车站竟夜激战，正太路四日起已告中断。

8月10日，太原调处会议，执行小组主张拟订暂时停战协定，无果而终。

8月12日，正太路全线破坏严重，绝非短期内所能恢复。共军期打通延安达张家口之走廊，决心夺取大同，连日向大同外围增兵三万余众。晋局目前情况，战事虽未迫近太原外围，业已形成四面包围形势，交通阻断，对外往来只赖空运。

烽烟四起，战火蔓延，社会生活必然受到影响。请看大公报报道中与前述战况同步演变的山西民生状况：

5月8日，山西各地冲突未止，前途尚难乐观。并市市民纷购米面储存，致平稳月余之物价随之上涨。

5月25日，太原百货物价无一不在上涨，尤以米面布匹为最。

6月18日，晋北十余县半载未雨，赤地千里。其他各地小麦多生黄疸病，收量减半，灾象环生。难民拥集城市，城市物价暴涨，工作难觅，无法维生，东西仳离，厥状甚惨。并市垄断与囤积面粉等辈，其资本之雄厚非普通商人所能比拟，致粮价遭严重刺激，突飞猛涨，不可遏止。一般公务员无隔宿之粮者颇不乏人。各界曾联电中央请求改善，迄无指示，现拟再作请求，俾维最低限度之生活。

6月18日，大同戒严，各城门提前于晚十时关闭，至次晨五时开启。宪兵警察对于出入城门之民众检查特严，居住城外及乡间之民众，居住证上若无大同城防司令部盖戳许可，一律禁止入城。车站街上除着军服者外，行人稀少，商店多已闭门，且有不少以砖将窗口堵死者。四处加紧构筑防御工事，各街口电网白天也通电了。东门外曹福庙附近所有村庄农民之家已成十室十空，令人恐怖之至。

6月23日，晋北旱灾夏秋收无望，二百万人口半数陷于饥馑。

6月28日，大同物价暴涨，一日数变。白面在十六日前每斤五百元，现已涨到八百元，尚无出售者。麻油一斤两千八百多元，土布一丈六千元。

7月10日，大同各机关团体人员及商民均已开始受训，对于各户之人力畜力务要据实供出，以备需用。自卫会顷通知各机关，除加紧准备日需各物如食粮及煤外，特规定储存灯油，以为战时停电之用。因此各物顿行暴涨，且无售者，地方当局竭力平抑，以安民心，但平者自平，涨者仍涨。现白面一千二百五十元，本地白面九百元，小米一千元一斤。

7月13日，大同交通受阻，货物日渐减少，出售之价格至为惊人，麻油一斤五千五百元，白面暗盘一斤一千七百元，一般人多将存款用于储粮之用。

7月17日，晋当局为保卫并市及附近各县地区，按兵农合一办法分编兵农组外，以并市人口密度统计增编工商组，每组六人，一人为常备兵，五人为国民兵。市民狃于积习，间有逃离市区者，并有出资雇人顶替情事，当局严予禁止。

7月23日，并市每晚戒严提早一小时。晋北各县逃并难民，除有亲属并须觅得其服务机关负责者之证明外，均分别于境外设所收容，一律不准进城。并市凡年龄在十七岁以上四十八岁以下者一律编为国民兵及常备兵，各工商业伙友因编组而逃匿或生意外者颇多。

7月27日，战事紧张声中，并市民对户口日夜稽查之严厉深感痛苦。父不得留宿子家，子亦不得留宿父家。晚戒严后，不论大雨倾盆，不论婚丧事项，每一住宅人口必须与户口名册相符，否则不分良莠一律带回警局讯问，大多隔宿觅保获释或被处罚。

8月5日，连日来并市上空机声隆隆，防御工作正积极加强，官方召集民众万余，分于郊区构筑工事。并市五日晨举行防空演习，惊人之警报声为廿六（1937）年冬季后再未闻听者。胜利将届一载，市民聆此警报怪声，咸怀无限悲痛之感。

8月30日，晋局紧张声中，并市居民奉令储存半年食粮及燃煤，普通五口之家约需款百万元，除银行、行总人员及商家外，余均无力储备。如战事迫近太原，惟有枵腹奋斗，以待转机。

战火中的人民生活已经十分困苦，国民党当局还要把军队的供给负担转嫁给老百姓。大公报报道称，南京政府发给第二战区（以太原为中心）的军服经费入不敷出，若按市价购置，相差甚远。譬如士兵所穿的鞋子，南京每月发给士兵草鞋费200元，而当时太原的市价每双已高达 6000 元。没有鞋穿，当然引起国民党军士兵的不满，有人发起“赤足运动”，令当局难堪；更有人公然抢夺老百姓的鞋子，激起民愤。有人提议，号召各部门人员及商民毁家纾难。连阎锡山都说：“人民日求衣食者颇多，且大都已无家可毁，虽欲毁家纾难亦不可得。”于是，电请南京下发实物，南京政府答应另发冬季布鞋一双暨 2000 元。即便如此，士兵穿鞋问题仍不能完全解决，太原当局只得下令，由各部队“就地发动人民贴破布贴人工制作”，由村公所分派各户限期完成。结果“家资稍裕者，以一只费七八千元之工料价雇人制交，贫寒者以十指度日，咸感痛苦”。

做鞋工作刚刚结束，国民党军官兵冬衣 11 万套，裹腿 17 万副的任务又摊派下来，要求太原全市 2 万多 15 岁以上 50 以下妇女抓紧制备。大公报报道称：“值此物价高涨、生活艰困之际，大部贫困及子女众多之家庭实有难于尽此义务之感。官方将展限十日内交齐，大部市民咸望官方按每一家庭之经济情况，作一详细调查，以作负担缝制工作之标准，免负担之太不平均。”国民党穷兵黩武给人民生活带来的痛苦，由此可见一斑。

话题回到大同。

作为平绥（北平至归绥）、同蒲（大同至风陵渡）两条铁路的交会点，大同既是晋北门户，太原屏障，也是连结华北数省的交通要道，自古为兵家必争之地。1946 年 8、9 月间进行的大同战役，八路军方面出动晋绥、晋察冀两根据地的兵力联合作战，国民党方面也调集了阎锡山、傅作义两大集团所属部队，最终以傅作义“围魏救赵”（攻集宁，保大同），八路军撤退结束。

1946 年 10 月 10 日，蒋介石通令全国，即日起恢复征兵。11 日，国民党军进入张家口。正在斡旋的民盟秘书长梁漱溟得知消息，感叹："一觉醒来，和平已死。"

进入张家口当天下午，被冲昏了头脑的蒋介石，撕毁政协关于国民大会应由改组后的各党派联合政府召集的协议，正式宣布将召开"国民大会"。在南京的中共代表团发言人随即声明，国民党政府片面召开"国大"，表示决心推翻政协决议，实行全面破裂。梁漱溟代表民盟表态："在目前局势之下，不能提出参加国大代表名单，否则为帮助分裂。"

12日，大公报报道，北平军调部中共发言人称："张家口撤退在计划中，且对全局并无影响。过去八年中共亦很少与日军争大城市。撤出张垣反可减少防守兵力，战略反趋主动与积极。"随后，大公报转载延安解放日报社论《争取全面抵抗的胜利》，指出国民党政府"拒绝中共和平建议，在企图以最后通牒期限威迫中共投降失败以后，实行了全面破裂的步骤，占领张家口。我们解放区的军队人民要团结一致，下最后最大的决心，严肃努力，发愤反抗，一定要收复张家口等一切失地，以便恢复国内和平，实现政协一切决议。"

凋敝的经济与民生

大同解围，山西重大战事暂告平息。枪炮可以停歇一时，但战争给社会经济生活造成的创伤，却很难在短时间内治愈。

山西本是富庶之地，不仅有众所周知的丰富矿藏，而且有很好的工业基础。抗战胜利后，据负责接收敌伪产业的官员对大公报记者谈，山西的工业从三十年代初起步，五年之内已成规模。1939年，日本技术人员到太原，曾感叹："以此基础，如果晚打十年，则中日决战之地必在南口与娘子关。此次下手，（指1937年日军全面侵华）可谓万幸。"此外，日本人对于大同煤矿发展曾有长远计划，目标为年产5000万吨。按照这个计划，1945年煤产量应为500万吨，1946年即为1000万吨，以后逐年递增。结果战争爆发，煤矿生产反而难以为继了。

大同解围后，山西局势稍感轻松。国民党当局还邀请新闻记者赴大同参观"战绩"。大公报记者却用了"凭吊"二字做了这样的描述：

大同市街，行人不绝，似尚热闹，其实是一个空架子。经敌伪八年的剥蚀，光复后一年的军事围困，与外界交通除军运外完全隔绝，人民穷困不堪。

记者走遍各家商店，冷冷清清，似终日无人光顾的样子。在四十五天的围城期中，城内未遭战火波及，然人民的罪也已够受的了。粮价曾高跳十倍以上，贫苦之家每日只能日进一餐，而这一餐也还不能吃饱。城外枪炮之声扰人心慌，而还不时飞入流弹，惊恐万状，全城无市。空运接济城内守军弹药粮食的大包从高空掷下，常不巧适中民房，房塌人亡。在此种飞来横祸中死于非命的也不在少数。

记者团到达大同采访时，战事已经结束一个半月，大公报记者发现，“人民的疾苦不但没有解除，却愈来愈深了”。例如，围城时人民被限制出城，解围后依然不准自由出入，据说是为了防止壮丁逃亡。如果有人确有要事出城，必须三家联保向县政府请领通行证，并且保证于限定期间回城，城门卫兵才予放行。记者感叹：内战中的人民，真是连丧亡的自由都没有了。

夜幕刚刚降临，大同全城已经围门紧闭，街上甚至行人断绝，鸦雀无声。就在这样的静夜里，还常常“有吏夜捉人”，百姓不得安枕。皆因大同一战，国民党兵员损失很大，急需补充，加强军事控制，所以只能尽量在城里“抓壮丁”。青壮年男丁被抓兵，家里的女人怎么办？报道写道：

“北地胭脂”的大同妓女，也是凄惨夜景之一。操妓女生涯的颇有良家妇女，原配的丈夫当兵去了，她们便只有靠出卖自己的皮肉为生。问她们为什么要出来“赚钱”，答复是：“不赚钱？谁养活家小！”

几个战斗最激烈的据点中，沙岭是城东南的一个村庄，地势较高，四周是一片荒原。村内的土墙和房屋都曾是两军争夺的工事，已是焦木残墙，大部房屋毁于战火了。村民仓促逃命躲祸，单衣薄裳，在寒冷刺骨的北风里啼叫，景象极惨。记者团汽车方停在村前，已被村里的老弱妇女层层包围起来。昏暗无光的众目，似在翘首期待着救援。据村内的老百姓说，两军打了二十多天，村内的房屋都打得四壁皆空，没有完全毁的也都穿顶缺墙，夜间睡在炕上，寒风侵袭，冷得打战，而所剩下较完整可以避风雨的几间房子，又都被军队占住了。警察学校是城西的据点，已片瓦无存。

此后，大公报有关山西社会、经济的报道较之军事动态多了起来，且常以物价变动作为民生水准的风向标。以下择要摘录 1946 年大公报部分报道：

10 月 2 日，秋深风号天气寒，并市铁炉烟筒均已上市，炭一吨八万元，预备暖室之资最少亦需二十万元以上。一般公教人员每月收入均在十五万元以下。布每尺千余元，棉花每斤四千余元，冬衣无着者比比皆是。尤以八年抗战人员为最可怜。除少数特殊阶级者外，大部于胜利归来时，男女老幼均衣破旧之粗布军服，今冬更换棉衣，家家浩叹，人人发愁，满目凄凉之一幅岁寒图。无衣无食之灾民充满全省，救济款项来源实为问题。冬季已到，各项摊款颇重，妇女正忙于代官方义务作棉军服，群望中央体念晋省严重之灾况，拨款救济。

10月6日，今日大同已无电无煤可用。大同煤矿机器或被运走或被炸毁，煤井或破坏或堵塞，仓库、办公室及矿区档案尽付一炬，全体员工已撤至北平及大同城内，俟交通恢复设法复工。

10月20日，晋省煤储甚丰，从未闻有煤荒之呼声。现因交通阻塞，产量锐减，尤以并市之煤荒为甚，加之公私商家囤积及走私外运，致煤价高涨，半月内阳泉块煤每斤由四十元涨至七十元。

10月23日，本报随时接到太原和各县人民的诉苦投书，都是一字一泪，令人不忍卒读。晋省所以闹得民不聊生，第一个原因当然是战争。其次，许多基层政治人员素质太差，对于人民不免苛扰，例如村干部征粮派款，恣意压榨，账目从不公开，百姓莫敢叹何。

10月27日，并市毒品之充塞与教科书之奇缺适成反比。敌人盘踞时期遍种罂粟，制造料面，烟馆林立，伪员及商民染有嗜好者极多。胜利后归来人员中染此嗜好者亦复不少，咸以吸食鸦片烦琐费时，大部改吸料面。鸦片每两可售三万元，白面每片（二两）整售五十万元，零售达八十万元。闻平津每片十五万元左右，获利甚厚，贩运者仍多。并市警局虽曾陆续破案，贩运者尚源源不绝。并市及各县市初高中课本需要异常迫切，因交通阻塞，教部指定之课本不能源源运到，参考书籍尤感缺乏，校方及学生均感苦闷。而教员与学生之程度亦较前低落。

10月28日，晋境铁路交通已遭严重破坏，除正太路维持通车外，同蒲南段铁轨被毁，枕木被焚，路基破坏甚重，材料亦极感缺乏。公路或可维持通行，铁路建基铺轨绝非短期可能竣事。同蒲北段破坏之巨，超过南段，恢复更非易事。

11月11日，并忻途中难民络绎不绝。难民称，略有资产者均被清算没收，村人亦趁火打劫，大部已室如尽罄，衣食两困，如再留恋，决难保其生命。此次相率逃出者仅忻县、定襄、五台一带即达万余，值此严冬时期，逃出难民衣食住均成严重问题。

11月13日，并市物价飞涨不已，百物均扶摇直升。公营事业及拥有游资之大商乘机囤积，兴风作浪。市商会召集全市各同业公会负责人共商平抑物价办法，但金价升降自如，物价高升如故。操纵经济脉络及特权之公务人员待遇既优，办法又多，天气虽寒未至结冰，棉皮衣已然上身，而室暖似夏。纯薪阶级之公教人员在此物价陡涨，多重生活重压之下，以高粱面及小米充饥者尚须时时节制，衣薄室寒，更为普遍。家人相对眉锁，苦无办法。此种畸形发展现象，既减低各级机构之工作效率，亦为隆冬之隐忧。

11月15日，晋省煤价未因官方平抑下降，固由于供不应求，实亦运输所致。阳泉块煤现售四万二千元，各商竞运。路局近定有投标办法，不论登记先后，谁投价高谁有优先运销权。最近投标吨煤达十一万元，除原购价及公私方面额外款再获少许外，余均为路局所得。煤运石庄或并，每吨可售十四五万元，利甚优厚。

11月19日，平遥村民李易发出呼声谓，祁县驻军每次出发必经其村，每次必带大车五六辆，要柴、要粮，装满才走，既无收条，又不议价。渠家种豆十亩，仅收十石，军队入城拿走，经全家哭诉，村民哀求，结果装走九石九斗二升，仅留八升。全家十余口，当时即告绝食，其父一气而亡，希政府早日纠正，以救民命。

11月24日，太原物价连续猛涨，骇人听闻，其物价指数之高，可为全国之冠。海昌蓝布每匹已涨至二十八万五千元，食粮价格有如跳蛙式之猛进，头等机面每袋五万元，犹如闺秀深藏高阁，无人得睹其芳容。高粱面与玉蜀黍面每市斤亦迫近四百元大关。煤每吨已达十五万元。各种物价飞涨，普通公教人员及平民已陷饥寒交迫之苦境，而官方对平抑物价不仅治本无术，即欲治标亦难拿出具体办法来。设若物价再继续上涨，治安亦将成问题。并市食粮如是之奇缺与恐慌，实因囤积者作怪所致。

11月28日，中航太原班机为除军运机外之平并间唯一通路，乘客拥挤不堪。当局表示艰苦的日子即将来到，如工厂再遭破坏，民生即将不能维持。

12月2日，并市物价暴涨已演成社会之严重问题，晋当局悬奖百万元，征求平抑物价办法。又，平陆县村民顷向报界呼吁谓：村中摊款甚多，人民负担不起，本年中秋节向村干部送礼一项，六个村共摊洋二十一万多元。盼政府赶快撤换。

12月6日，并市物价高涨中，良善公教人员大部懈于职守，借贷小款购贩银元及其他各物，藉卜小利为生。顷据警局统计，流为窃盗及涉足赌场者甚多，此亦为物价暴涨下之现象。

大公报报道曾对1937年夏抗战爆发时的太原物价与1946年末做了一个对比，结果是，“彼时面每袋二元一角，今为六万元；彼时炭每吨三元，今则十四万元；彼时布每尺五分，今两千元。各种物品价格平均上涨达两万倍以上”。即使与抗战胜利之初比较，一年多来，各物平均上涨也达十倍以上。当时，太原市场一只40W的灯泡已经卖到两万元！

国民党占领张家口后，大公报有三位记者先后前去采访。战后第三天，戈衍棣最早赶到张家口，见到了傅作义：

傅将军对占领张垣一点不感到快意，他说：“如果去年从日本人手中接收，那是高兴的。现在我只有难过。”……张垣被破坏极惨，车站、电灯公司破坏了，但自来水和广播电台幸免。张家口什么都没有了，留下来的是一大堆问题和做不完的工作。（记者）祝祷这是最后一场战事，希望砍杀的悲剧，今后不要再在记者笔下描写了。

10 月 31 日，南京国防部又组织中外记者团飞往张家口，并到集宁、大同采访，大公报记者高集回来后写了长篇通讯。在他的笔下：

张家口已是寒风凛冽，衰草遍野，气候十分冷峭了。集宁位在塞外，地高而寒，虽是初冬，已大地皆雪，寒不可当。记者团愈行愈冷。所见所闻充目充耳又都是令人寒心的事实。

专机降落时，机场被烧过的房屋残骸迎风而立。周围视线所及见不到人迹，草木皆衰，景象十分凄凉。但进城之后，市街整齐，行人往来不绝。中共未经战斗放弃张家口，所以张家口未蒙严重之战祸。……塞上夜深，寒风袭刺，路无行人。好大的一个张家口，静得连一点声息都没有。戒严时候三步一岗，五步一哨，士兵冒着寒风在黑暗处荷枪而立，处处得闻口令之声，恍若置身午夜的战场。

各商店都门可罗雀，可以竟日没有生意。……国军进驻后，到处搜购米粮，家中仅有二三十斤的，都购征一空，以致粮价上涨。同时“抗币”废用，但民间手中亦无法币，市面交易几因之陷于停顿。

由于发电厂的发动机已被炸毁，张家口的晚间成了黑暗世界。国民党军指挥机关和记者团所住的饭店虽有小型发动机临时供电，却也时明时暗；电话公司一千余部自动机已被粉碎在钢筋水泥的瓦砾中，留下残破的钢架与烧焦的门窗。由北平调来的女接话生，在劫后余生的破房中靠两部交换机恢复城内通话。两部交换机只有三十几个号码，全为军政机关所用。破坏得最严重的是火车站，被炸毁的车辆残骸、钢板、车轮堆积如山，遍地都是碎钢、碎铁、碎枕木。高集写道：

除了公共建筑和交通之外，市区没有大破坏，一切事业和社会秩序在逐渐恢复中。……通衢要道各处贴着十二战区长官部的皇皇布告，悬赏寻找被中共藏匿的机器物资，赏金由一万元至一千万元。据长官部的人说，有许多机器已被找回来了。另一个受人注目的布告，是悬赏缴报民间枪支，每支枪十万元。这种做法也许是聪明的，比“严惩不贷，切切此布”之类的官样文章，易收实际效果。

……

傅氏几乎是动员了全部力量作此一战，胜来很为不易。董其武将军曾对记者自称“哀兵”，也确乎如此。在傅军进攻卓资山、集宁之时，绥包守军只留了一个团。后防力量单薄，十分空虚，似乎生死存亡在此一举，不得不作此孤注之一掷。九三胜利庆祝大会前夜，傅氏在归绥下令黑夜抓壮丁，穿上军衣，肩上枪，出现在第二天的庆祝大会上，以壮声势。庆祝会后，抓来的壮丁又都放回。那时，绥包左侧有左云、右玉的共军威胁，颇有被抄家的可能。

张家口之役，傅军是以战略取胜。集宁之战是一场恶战、决战，傅军以优势的火力及空军的配合取胜。傅氏自己也说：“以战争论战争，张垣之战并不是了不起的胜仗。”

11 月中旬，身为中共地下党员的大公报记者徐盈也到了张家口，发回的报道更多的不是纪事，而是思考：

塞北的风霜，一别十年了。十年以来，这片塞外绿洲上经历了两种制度，“解放”与“再解放”。先有帝国主义“养鸡取卵”的新殖民地政策，后有新民主主义的工农政策。两个制度过去，国军来了，我们给人民的是什么一种制度？人民不能没有生活，政治不能没有生命。傅作义长官说：“关于战争的，我们也许说得差不多了，今后应当是建设性的研究了。政治的、经济的、社会的多少问题都值得我们作深刻的研究。”“一大堆问题和做不完的工作”，不仅是地方性的，更多是全国性的，十年来留下的问题太多了。

张家口的工人占人口三分之一,五个人以上的工厂有六百四十家，过去不仅是察南的心脏，也是伪蒙疆全土的工业中心。二十八个产业公司中，百分之七十是要津贴的，以此养鸡取蛋法，使地上及地下的资源生产不息，而且每年有四五千万元的出超。共产党去年来此接收了以后，把这里作为有没有能力管理城市的试验区，及工业干部的养成所。……在一个必有的骚乱过去后，为国军所接收的，便是这么一个奇怪的边城。

还乡队回来了，被斗争者回来了，被清算的人也回来了，每个人都要翻开来过去那一本旧账，提出“复员即为复原”。军政当局承认不承认一切的战斗单纯是为了被清算者呢，或是另外还有民生主义的理想？有不少学生要求不要伤了“再解放者”的心，有不少干部问我：“封建社会是不是我们应歌颂的天堂？”

当前的问题只有两个，一是要兵，一是要粮。在这种情形下，又怎能来收拾十年中经过了两个制度的人心呢？

塞外的一切就要让时间来复原了。传统的农牧社会生产，本是与殖民地工业勉强配合的，如今也就可以解放了。美国商品滚滚而来，原有的手工业也要走上应有的命运。平津经济圈的影响支配了张垣的物价，冒险家们又有一个新乐园，经济当局说："物价高涨，对我们当地是有益的。"这是聊以自慰的想法。

宣化已将古城变为一个煤铁工业区，……这些厂子里的完好房子都驻着兵，原料不知什么时候搬空了。共产党想利用这些地方作为自己教育工业人才的中心。到今天，似乎还没有听到任何人也有这种建设的想法及同样的打算。

复工已成为当前的大课题，生产能力之恢复，即生命之恢复。……其余的一切，像一个恶梦或一场现实的暴风雨似的越来越远了。十年并不是一个短时间，有能力的中国人的希望也不止此，也更不甘心如此。复员不是复原，牺牲了要有代价。美国布鲁金斯研究所发表，战前中国人平均收入为七十一元三角，而美国人平均为一千五百四十六元（十一月十一日合众电）美国人的收入今天比那时更多了，我们的平均收入呢？一定是比那时更为不如。我们的牺牲为了什么？

长城内外都是接收即停顿，停顿即破坏，张家口乃是最后的一个接收敌伪的区域，我们对于劫余的一切，光是有计划的接收是不够的，要问用什么方法使它来复员？我问傅长官对于这个问题的看法。他坦白地指出全国性与地方性的有机配合道："我的努力，多少年来为了一点，就是促进统一。把一个地方单独封锁起来建设，也不会完全得不到成绩，可是区域建设，就是做好了又有些什么用处，对于全局有什么影响呢？"

这位从百灵庙以后就集中全力练兵的主将，面前展开了他这十年以来最大的局面。……他说："民主时代，各有自由，只是思想太分歧了，不能不要求大家集中到几个原则上。我喜欢大家来谈，我不坚持我的主张，我从广泛的谈话里增加我的了解，我是能听别人说话的。”……

张家口并不是什么都没有了，工厂虽破坏，但市区大部完整，人丁与食粮的移动据说为数也甚微。使工作者感到空虚的，不在物质而在精神，而是缺乏一个远景的轮廓，和用什么来填塞这些时代的空隙。

徐盈的这篇报道，与九个月前子冈所写通讯《张家口漫步》用了同样的题目，写了同一个城市，而内容却大相径庭，未知他们夫妇和当年读者做何感想？

乱哄哄的『制宪国大』

1946年11月，蒋介石不顾内战炮火正炽、中共与民盟拒绝参加、舆论亦不看好的现实，单方面召开国民党一党独裁的“国民大会”，制定了“中华民国宪法”，故称“制宪国大”。[①]

“制宪国大”于11月15日开幕。当天，大公报发表社评，对国大提出两点希望：“一、国大开幕，应该不是和平告终，破裂完成；二、关于宪法的内容，政府曾经迭次声明决以政协的宪章原则为蓝本，现在还应设法由政协小组审议，一切不失政协原意的精神。”后来的事实证明，这两点都被大公报言中了，不幸的是，都是背道而驰。

16日，中共代表团发表声明，宣布和谈停顿，周恩来等将返回延安。大公报以“责备政府破坏政协决议，召开国大阻塞和谈之门”为题，发表了周恩来19日回延安前的书面谈话：

---

① 为“装点门面”，“国大”招纳了从民盟分裂出去、追随国民党的青年党和民主社会党两个小党派代表参加，实质上还是国民党一党包办。

国民党政府一手包办的国民大会，是违背政协决议与全国民意而由一党政府单独召开的，中国共产党坚决反对。

依照政协决议及其程序与精神，必须政协决议次第付诸实施之后，在改组的政府领导之下始能召开。政协各项决议是各党派协议的临时大宪章，是一个整体而不可分割的。十个月来政协决议不但未曾丝毫付诸实施，而且被国民党当局破坏无遗。……这一党国大还要通过一个所谓“宪法”，把独裁合法化，把内战合法化，把分裂合法化，把出卖国家与人民利益合法化。照这样做下去，中国人民一定要陷入苦痛的深渊。我们中国共产党人坚决不承认这个国大。

和谈之门已为国民党政府当局一手关闭了，一党国大中将要说的一切把戏，乃至改组政府，我们决无光顾必要。参加了这一国大，承认了这些把戏，就必然推翻了政协决议，破坏了政协以来和平民主团结统一的轨道，中间的道路是没有的。进攻解放区的血战方酸，美国政府援蒋内战的政策依然未变，假和平假民主绝对骗不了人。我们中国共产党愿同中国人民及一切真正为民主而努力的党派为真和平真民主奋斗到底。

大公报社评和周恩来谈话，都提到了政协宪草。这个版本保留了三民主义的基本思想，如“民有民治民享之民主共和国，以及内阁制之民主宪政”等内容。当初经多方多次协商，中共仍持保留意见。原定达成一致后再提交审议。此后战争全面爆发，宪草审议未能继续。在“制宪国大”上，国民党以立法院名义，把它作为宪法草案提交大会审议，人们不能不给予关注，中共不能不表示反对。

“国大代表”的绝大多数都是国民党人，提交宪草前就竭力维护国民党一党独裁。11 月 20 日，大公报发表社评《国大制宪与言论自由》，“提醒政府一件事，在这次国大开会期间，应当特别尊重并鼓励言论自由”：

这是一个造法的会议，必须尽量容纳国内各种方面的见解，充分反映全体人民的意思。而尤须注意的一点，在召开国大制订宪法的今天，不幸还没有实现全国团结统一的局面，故政府此时更须有采纳民间舆论的雅量和热诚，周谘博访，集思广益。……就言论自由的观点言，凡是不受批评的政府，也就是无人拥护的政府；就制订宪法的常轨言，多数人民的意见愈能尽量渗入宪法，则此多数人民葆爱拥护这宪法的热诚也愈炽烈。大抵政府的一个决议或一种措施，先须让所有受这个决议或措施的影响的人们，有尽量发抒意见及自由批评的机会。……今后会内讨论，应该基于容忍互让的精神，为坦白率直的辩争。同时尤须多方听取会外一般民间的舆论，审慎采纳民间每一个角落的意见。专横武断，抹杀异己，入主出奴，强人苟同，以为“相信我们的主义，才能做我们的国民”，那真是制宪中最危险的观念，也是极端反民主的落伍思想。……一个容忍异己和接受人家批评的人群社会，才是真正孕育言论自由的沃壤，民主政治在这种沃壤上才能开花结实。这样的社会，才是活泼泼地真有生气的社会。就政治方面说，言论自由的限度，也就是一国政治修明至何种程度的标志。反过来说，正当舆论沦亡，政治江河日下，整个社会晦盲言塞，以至于窒息，在这种环境里，还能够希望制出一部应乎时代需要的民主宪法吗？

除了报道、言论，大公报记者还采写了许多“国大花絮”。这些“豆腐块”通过许多细节，把当年“国大盛况”活灵活现地报告给了读者。字里行间，可见“充分民主”“畅所欲言”，以致纷纷攘攘、乱乱哄哄，犹如一场闹剧。

以下依照会议议程排序摘录部分内容，以飨读者：

★连日国大会堂前车马如梭，十五日晨更是一辆紧接一辆，红色警备车数辆夹杂于中，车上并高架轻机枪往来巡逻。会堂前三步一岗，五步一警，服装皆新，警卫者众，非有大会出入证者，不得乘车通过，须绕道而行。

★开幕大会主席吴敬恒以无锡土语致词，多数代表听不懂，阅报纸者有之，与邻座叙旧者亦有之。蒋主席领导全体代表宣誓时，某摄影记者误将镁光灯之灯泡跌落地上，怦然作响，侍卫人员立即向前查问，会场空气顿形紧张。

★中央日报十五日增出特刊，附有画刊，刊数十代表之照片。各地代表持报入座后，人人首先展开画刊寻找是否有自己的照片。

★场内最忙人物为摄影记者，忽向前忽退后、忽坐忽立忽卧，以各种姿态，从各种角度拍照。蒋主席致词时，某记者捷足先登，爬上发言台快拍一张，其他记者跟踪而上，会场人员即加阻止，皆败兴而退。

★十八日晨之会开始实行对号入座，各代表寻找座位颇费周折，许多人转来转去，好半天还找不到自己的号头。

★青年党曾琦、左舜生成记者注意中心，但两氏均默默不言，拒绝发表谈话。

★主席团选举办法讨论一个早晨，毫无结果。多数代表已有不耐烦心情。十九日登台陈述意见者，多被嘘声及“下来”之喊声轰下，议场秩序几度陷入混乱。

★孙科操鼻音浓重之广东官话主持议事，各边省代表咸呼“听不懂。”临时秘书长洪兰友襄助有方，每以安徽官话重说一遍，咬字力求清楚，而态度极尽谦恭之能事，开口闭口“奉临时主席谕”，其态度极得各方之称赞。

★议事每陷混乱，而意见掺杂不同时，朱经农必挺身而出，有条有理澄清议场意见。今日议事开始时，朱氏即建议停止讨论，逐项表决，“否则无限制地说下去，三天也完不了。”语未毕而掌声已起。

★容纳两千余人之大会场，楼下说话，楼上听不见，前排说话，后排听不见。常有楼下前排的代表振臂高呼，情绪激昂地说了一番之后，坐在后面的如看无声电影，只见发言者的表情，而不知其所云。楼上后排多是边省代表，休息时愤言曰：“我们成了聋盲代表。”语毕，又不禁苦笑。

★十九日晨大会中，主席宣布表决是否修正筹委会所拟主席团选举办法时，楼上后排的还莫名其妙。但见前排的人纷纷举手又落下，某代表遂高呼：楼上后排的既听不见也看不见，不能表示意见。主席无奈，高声说明之后，再付表决。

★使用电动表决器也有一番争论。洪兰友称：空位子电钮无法控制，只有请求各代表不必多此一举，按空位子的电钮。洪氏语未毕，全场已哄然大笑。张道藩连忙解围：“此事不必顾虑，请前后左右各代表监视邻座行了。”

★陕省代表谢幼石发言不时起立，挥舞手臂，慷慨陈词，虽声音高亢，而后排依然不闻。在全场一致同意尽速提付表决停止发言时，谢氏忽昂首阔步登台，连说“我有意见。”对台下“下来、下来”之喊声四起置若不闻，自管道来。台下继喊，哄笑不绝。谢不能毕其词，遂面红耳赤地争辩："难道国民大会不让人自由发表意见！"又质问主席："嘁声是违法的行为，请大家表决。"

★主席宣布停止发言后，还有两三个代表抢上发言台。主席用铅笔敲桌子，按台钮，都不能制止。

★对选举主席团办法草案，三十个代表发言，几乎人人反对，争来争去，花费了两个早晨，所得结果竟接受了草案。许多代表莞尔笑曰："多此一举！"

★会场中发现两种竞选油印传单，某代表对记者笑曰："这是公开的活动，幕后的活动还精彩得多呢。"

★蒋主席当选为南京及国民党两单位之主席团候选人，蒋主席表示愿接受南京市之推选。浙江亦曾有人推举蒋主席为候选人，但仅得五票落选，计票结果，记录板上恰成"蒋中正正"四个字。

★云贵土著民族代表质问为什么没有土著代表的候选人，语调激昂。西康边民代表操极生硬之国语慷慨陈词说："无论如何，非列个单位不行，否则我们土著民族代表全体退席。"张道藩愿以自己的候选人名额出让，一场风波始告平息。

★二十五日讨论议事规则草案，蒋主席担任大会主席，征询草案究将分章讨论，抑或综合讨论，会场未及反应即宣布表决，电动表决器上已亮了一大片时，还有人吼叫："表决啥子？"会场秩序陷于混乱，蒋主席站起来拍着桌子说："如果表决程序不对，等表决完了再说。"

★议事规则交全会审查，辩论中蒋主席两度起立发言，谓主席团对大会意见绝对尊重，希望全体代表多为大会为国家着想，并谓：我们绝对民主，绝对自由。

★提案是议事规则的精华所在，要求发言的有增无已，主席宣布：除已提出要求者外截止接受发言。倪弼是最后发言代表，反对五分钟发言的限制。主席插言谓：今天时间来不及，明天再多说。结果倪在“嘘嘘”与拍掌声中毕其词。

★会场三四人同时发言之现象屡见不鲜。会场人声嘈杂，秩序大乱。蒋主席乃起立谓大家应遵守秩序，并维持代表之尊严。

★云南代表李培天发言抨击最高经济委员会甚力，斥为与民争利的机关，无论如何在将来的政府组织中不能有这一机关，各代表报以掌声。

★某代表正襟危坐，不言不笑，任何意见付表决时均未投票。

★各代表已感连日争议疲劳，皆存速战速决之心理。主席以组织通则提出讨论时，几皆“无意见”“无异议”顺利通过。大会主席鉴于已往会中争议之激烈，初执事固为审慎，后亦“见风转舵”改为快板。代表偶有起立发言者，必遭全场嘘声。主席于各种表决通过后很轻松地说：“今天完结。”大家一笑而散。

★许多代表对于继续广泛发表意见之会已不感兴趣，四日晨休息后，继请各代表发言，唱名时竟连续有三四人未应，都未终会而去。有两女代表并坐，聚精会神一五一十地数钞票。

★五百余国大代表选某女记者为国大记者之花，记者询被选之某女记者以详情，答曰“无聊”。

12月5日，作为“国大”主席团成员之一的胡适，应邀出席中外记者招待会，回答有关“国大”及“制宪”问题，大公报报道：

胡氏着蓝袍马褂，显得儒雅而潇洒，讲话庄谐并陈，自己讲并自己译成流利的英语，会场空气渲染得十分愉快。胡氏谓，虽曾在华盛顿居住数年，但没有参加过举世闻名的罗斯福总统的记者招待会，所以也没有学会对付新闻记者的艺术。其实在座的中外记者于会后一致称赞他的“艺术”，既善于躲避一些微妙的问题，将它们推得很远，也很能贴近许多问题，给一个简明而确实的答复。

问“以历史的观点看，是否可建都于南京？”答复得很妙：“在原子弹时代，任何地方都适于建都，也都不适于建都。历史的观点已不适用于今天的现实。”

问“国大审查会为什么要秘密举行？”胡氏答称，第一是审查会每组至少二三百人，很难得到适当的地方再容纳旁听人员；第二个解释极富机智而令人佩服：“在公开大会中讲话可以说是对着旁听人讲的，尤其旁听的是记者，要争面子，要坚持己见，才显得英雄；而审查会是要认真解决问题，秘密举行容易让步，容易求得折衷的解决。”胡氏更举一七八七年美国费城制宪会议为例，当时不惟不准旁听，且富兰克林提议不留会议记录，所以迄今的史料都是私人的记载。

问“宪法是否资本主义色彩太浓？”胡翻开宪草，指出其中有关国民经济部分为五条，只有一百四十一条之前半条“国家对于私人之财富及私人之事业应保护之”是有资本主义色彩的，而其余四条半都是社会主义的。“在今日，就是共产党也要保留这四条半。”

问“假若建都问题付表决时，在南京、北平两地中胡先生将投哪一票？”胡氏的机智和对付新闻记者的艺术又一度展露，答称：“根据宪草之规定，各种选举皆以无记名投票方式行之，所以我有权不告诉诸位我对这个问题的决定。”

某记者请胡氏讲述中国近代制宪史，这个问题马上被转嫁给王世杰、周历生：“他们都是专家。”

问“有人认为政府提出的宪草是党派的宪草，不是人民的宪草，你以为如何？同时立委监委是否应为当然国大代表？”胡氏答称：“邵力子先生对这问题有最好的解释，我完全同意，就是宪草既是各党派及无党派人士协商的结果，就不是一党一派的宪法，而是顾到了全国人民意见的宪法。至立监委是否应为国大当然代表，我觉得顶好不要这样。会中的意见也是倾向于这种主张的。”

“胡先生是否将组党或恢复独立评论周刊？”胡氏莞尔笑曰：“绝不组党，因为我的兴趣依然在学术方面。”至于独立评论，他说当年很容易“独立”，由十二个朋友各出每月固定收入的百分之五凑成五千元作为资本，而创办发行数年，刊登了一千四百余篇文章，但一个铜板的稿费都没付过，“而现在是不很容易独立了。物价、纸价、印工、稿费，都是问题。”

大会进入宪草一读后，大公报发表社评说：“国大在侃侃议宪，战场在狠狠厮杀，其事极其矛盾，却正并行不悖，真烦闷煞人！”不料，又有国民党籍“国大代表”以政协宪草“远离孙中山五权宪法理论”为由，要求回到1936年的“五五宪草”。[1]连民社党代表都认为这样太过分了，宣称要“维护政协宪草，否则将离席抗议”。12月13日，大公报社评对某些“国大代表”的倒行逆施提出了批评：“你们若必然用国大代替人民，若必然不许立法行政起制衡作用，若必然剔尽政协原则而后快，好了，就请把‘五五宪草’宣读通过算了。……现在勒马还来得及，特进忠告。”在这种情况下，蒋介石不

① 国民党立法院于1936年通过《中华民国宪法草案》，因公布日期为5月5日，故称“五五宪草”。其主要特点是党国一体，总统集权，以根本法的形式确认了国民党的一党专政和蒋介石的独裁统治。

得不劝说国民党代表“忍让为国”。“国大”重新审议宪草，基本恢复至政协宪草原样。

12 月 25 日，“国大”通过“中华民国宪法”后宣告闭幕。这部“宪法”公布后即遭到中国共产党、中国民主同盟的同声谴责，他们声明不予承认此法。

“制宪国大”闭幕次日，大公报发表社评指出：“这部宪法的最大缺点，还不在它的本身，而是这次的制宪国大缺少了一个和平团结的规模。一个主要的党派未参加，而半个中国还在打着仗，因此大大减损了这部宪法的尊严性。”

第三章　转折之年（1947）

1947年的中国，发生了历史性的转折。其标志是，20年来在中国占统治地位的国民党从优势转变为劣势，在战场上从进攻转变为挨打，由强者转变为弱者；反观中共，从劣势转变为优势，在战场上由防御转变为进攻，由弱者转变为强者。双方力量对比在一年中发生的巨大变化，直接影响并决定了此后中国的走向。

蒋介石1947年年初与岁末的心境表露，鲜明地体现了这一转折。

1947年2月，蒋介石在《对于最近社会经济军事形势之分析》的讲演中说："一年余以来，政府要收复什么地方，就收复什么地方，长春如此，张家口也如此，而最关重要的要算收复苏北和鲁南……现在共产党还想把政府掩倒，这无异是一个幻梦。"其洋洋自得溢于言表。

1947年的最后一天，蒋介石在日记中写道："本月忧患最深，尤以最后十日，各方告急与失败之报，几如雪片飞来，蓐食宵衣，兢兢业业，未敢或懈，自省俯仰无愧，信道益笃，成败利钝，一惟听天命而已。"

前后不到一年时间，蒋介石从趾高气扬竟已经走向听天由命了。

不平静的开年

1947年元旦，大公报沪版社评《新年三愿》：“一、国共双方不必再打这打不完的仗了，放下枪炮，握手团结；二，改革政治是今年的一个迫切需要；三，民生太苦了，必须有以安定之。”

同样是在1947年元旦，国民党政府公布了“中华民国宪法”。4日，大公报发表题为《行宪始于保障人权》的社评，针对国民党的“行宪一年准备期”称：“我们认为，宪法第二章人民之权利与义务，没有什么可‘准备’的，应自公告之日生效。”

然而，国民党“行宪”只是停留在口头上，真正的行动却是继续扩大内战，因而军费开支不断增长，财政赤字日益膨胀，不得不大量发行纸币，由此导致严重通货膨胀。1月10日，大公报南京专电：“旧年关迫近，首都工商业濒危，倒闭商号达五百余家，市参会请拨巨款救济。”18日，农历丁亥年春节前四天，面额一万元的大额法币正式发行，国民党《中央日报》以《过年杀穷人，百物见风升》为题，报道市场反应：“万元大票一出来，正好又逢旧历年关，真像火上浇油，物价又猛烈地跳跃了……米价上涨，面粉上涨，一涨就是三五千，任你气得发跳，多买恕难从命……”而此前五天，蒋介石还说：“有人今天喊经济崩溃，实在今年可保险绝无危险。物价高，通货膨胀为一时现象，中国绝对有办法。”

大量发行法币的同时，国民党政府还不断抛售黄金和外汇，吸收市面上泛滥的流通货币，以抑制通货膨胀。从 1946 年 3 月开始，在不到一年的时间里，中央银行的黄金和外汇贮量减少了一半。进入新的一年，上海、南京更爆发了黄金抢购风潮。2 月 3 日，沪版大公报报道，上海银楼生意颇为兴旺，顾客“尤其多的是工人、娘姨、小商人、乡下佬等下层阶级的人。上海共有大小银楼二百家，平均每天实销达一万两以上”。2 月 6 日，又发表社评，就上海市场“黄金美元一飞冲天，白梗棉布扶摇直上”的现象指出：“今天中国的经济财政病症，任何专家设计，任何医生开药方，其前提只有一个，就是停止内战，实现和平。”

2 月 8 日，在蒋介石的干预下，行政院长宋子文下令中央银行停止抛售黄金。（3 月 1 日，宋子文在各方攻击下辞职，中央银行总裁贝祖诒被免职。）

2 月 12 日，上海发生首次抢米风潮。大公报报道：“物价野马，以棉纱布匹最俏，对一般平民无异迎头一棒。一般公务员对三月待遇之调整，原寄有殷切希望，这两天也都冷了这份心肠，都说，‘就是调整一万倍，又何济于事’。”

2 月 16 日，国民党政府宣布实行“经济紧急措施方案”，冻结职工生活指数。次日，大公报发表社评：“综观经济紧急措施方案，在目前或不失为一治标应急之策，但是国内经济上的积弊，政治上的积弊，币值稳定上的积弊，依然很明显地存在。一次风潮算是过去了，第二次的风潮又在酝酿着。如果不从根本上想办法，难道焦头烂额的人民生活还经得起再受打击吗？”

生活的艰难，迫使国统区学生率先发起了“反饥饿、反内战、反迫害”的抗议运动，并且迅速波及全国，在更广泛的范围内展开。

令国民党政府头疼的还有交通问题。新年伊始，大公报连续报道：

1月10日，内战之赐，铁路沿线苦不堪言。中国农村在长期内战中百般疲惫，可以交通线上数事证之：一、平绥西段因内战而致无法修堤，以致造成去年黄河空前大泛滥。二、平汉线三个月的修复工程中，逐渐感到人工征集一天比一天困难，土木材料更不易得。由于征兵，使壮丁全趋逃亡，影响冬耕。三、津浦及陇海交叉地带上若干地区之大豆、红苕及棉花均弃于地，无人收割，任其腐败。四、联总与行总认为北方交通恢复无望，原定之救济物资全部改运他处，于是每一地区只好竭泽而渔。

1月30日，平津火车昨全日停车，旅客到站后纷纷折返，预购车票者均退款，路人交头接耳，物价金价乃因而波动。中航及央航两公司昨奉令停航，但平市整日高空中机声隆隆，似皆有任务者，并不宁静。

2月15日，国军为打通南北交通线，刻搏斗正酣。据熟悉交通情形者称：此种局势如行拖长，春汛时期之危难必较今日更多：一、长期的战争已打毁了三分之一的铁路，目前最感缺乏者为机车与车皮，东北方面最为严重，按照需要量约缺乏三分之二。华北方面略好，勉强支持，但亦缺乏三分之一。在美国订购之机车及车皮，须延至三年以后。联总拨给中国之火车头，指定不给东北华北区。二、由于军事之展开，接收路线逐渐展长，而车辆并未成正比例增多，若干区域反因使用之不得当而过度增加车辆之损坏率。三、军事直接干涉军运后，东北各线全由军运调度，华北方面于必要时或亦恢复此制。事实指出，每因一列重车之行驶越轨，造成全盘错乱，或由少数人员之逞性调度酿成意外惨剧。四、最近物价上涨，支出增大，交通运输单位首呈入不敷出之象，原认为可能平衡之局面全被打破，全部支出付与生活，工程经营当更苦于筹措。

北平军调部成立之初，为恢复交通特设了八个执行小组。到1946年年底，恢复交通不仅没有进展，华北铁路反而又毁了370公里。大公报报道曾经用了双行标题："两年损毁铁路消耗惊人，工程款可筑江南淮南两路，轨料足铺成渝铁路全线，枕木够粤汉铁路全部更新。"

1947年开年的另一件大事，就是军调彻底失败，中共代表团撤离南京。

1月8日，美国特使马歇尔离华返美，说是回去"汇报工作"，实则放弃了调处。11日，大公报发表叶剑英北平谈话："马歇尔将军对中国政局调处失败，及在中国内战中所扮演的角色，是要受批评的，他不能躲避责任。……国共军事势力之对比并不如国美双方当初所假想的，内战非短期间内所可结束，国民党的胜利尚不可期。"14日，大公报发表记者戈衍棣的新闻综述《军事调处一周年》，回顾了军调从艰难到失败的过程，预言军调部将"寿终正寝"：

军事调处这一年当中，曾经有过三次停战令。第一次停战令将东北除外，第二次限于东北，第三次在国大召开之前，由政府单方面宣布，未经三方协议。这三次停战令一次比一次软弱，每次都有漏洞。因之“战”始终没有停下来，冲突愈来愈多，愈来愈大。全面内战是早已经开始了。从海南岛到东北，只要有国共军对峙存在的地方就有冲突，有战争。这弥天的烽火，燃烧着每个中国人的生命。负有救火责任的军事调处执行部，三环相连，手臂互挽，虽不是隔岸观火，却也束手无策。……现在马歇尔将军已经奉召回国报告中国局势，周恩来已飞回延安，三人委会是军调部的顶头上司，工作指导者，现已拆散，于是一般又想到了军调部今后的存废问题。……

1月29日，美国政府宣布“终止其对三人小组和军调部之关系”，命令美方人员尽速撤退。30日，国民党政府宣布，解散军事三人小组和北平军调部。

此后，国民党先后三次呼吁中共能进一步举行和谈，以政治方式解决两党争端。中共认为国民党没有诚意，坚持两个前提条件：一是解散国大，废除伪“宪法”；二是恢复1946年1月13日军事位置。此为“恢复和谈的最低限度”。国民党自恃胜券在握，拒绝了中共的谈判条件。

2月21日，北平军调部中共代表叶剑英撤回延安。28日，国民党政府公开下令限期驱逐中共驻南京、上海、重庆三地担任谈判及联络的工作人员，同时封闭了重庆《新华日报》。3月7日，董必武率中共驻京留守处代表乘坐美国运输机最后撤离南京。他对送行的民主人士说，两年后我在北平欢迎你们。

中共代表离开南京3天后，即1947年3月10日，胡宗南指挥14万大军开始进攻延安。13日，国民党六届三中全会在南京召开，宣言与共产党彻底决战。14日，大公报发表社评指出：“国民党已到了积重难返的时候，要想彻底改变传统的制度与作风，其艰难恐怕比推倒满清，扫除军阀还甚什百倍。但是内外环境所迫，它如果不如此地自救救国，其前途是不堪设想的。”

大公报记者看延安

由于从1946年11月起，延安已经处于国民党军队的重重包围中，1947年3月8日，延安举行“保卫边区、保卫延安动员大会”，朱德在会上号召做好坚壁清野的工作，同时军民配合，灵活机动地打击敌人。

3月19日，胡宗南的部队进占中共中央主动放弃，已成空城的延安。

随后，南京政府组织中外记者团到延安采访，大公报记者随行。据后来有人披露，胡宗南对外谎报战果：俘虏敌军五万余，缴获武器弹药无数。据说他还调动属下官兵冒充俘虏，并且花费了几天时间训练，以应对记者的提问。但在当时，记者们并不知道这些内情，大公报记者发回的报道这样记录延安行：

我们这一群中外记者分乘三架运输机，飞向国军攻下两个星期后的延安。……飞机顺序降落在延水东北岸的机场上，机门开处，但见黑压压的一大群欢迎的人们。六辆大型吉普分载着我们向延安的新市区疾驰。沿途的士兵和服装褴褛的老百姓咧嘴瞪眼地望着我们这一大批远道而来的贵客，从他们的脸孔上，看不出对于我们到底是欢迎，还是无所谓。

延安的市区在江南人的眼中只是小而又小的村镇，一条黄土筑成的街道，两旁大约也有百十来家的店铺，其中十之二三仍然紧闭着大门。最引人注目的却是鳞次栉比的香烟摊，堆满了美国香烟。街上来来往往的尽是军人，清一色的灰布军服使得这小城更显得单调而落寞。

边区政府是延安有数的建筑物之一。承蒙长官部的盛情厚意，把我们安顿在这里住宿。这是一所完全用麻石砌成窑洞状的房屋，朝东的五间屋子比较大些，正当中的一间还刻有“办公厅”三个大字，后两排十二间屋子都有装在墙上的书架和枣木的桌椅，据说是中共遗留下的。院子的当中有个一丈见方的土台，上面竖着三丈多高的旗杆，从前中共在这上面挂的是斧头镰刀的红旗。

长官部对于中外记者团是很费了一番心思来招待的，除掉供给我们每日三顿丰富的西餐和崭新的铺盖外，还替我们安排了访问延安的程序。……我们五六十人分乘六辆大型吉普，穿过延安唯一的街道，向城北二十余里的延园疾驶。

大街的店铺多半已经开门营业。店老板们以及街上行人的胸前，全都挂着肤施县政府的白布登记证。听说领取登记证的时候，他们每个人还可以得到五千元的法币，算是临时救济金。有好几家铺子的门上依然张贴着中共时代的春联，我所记得住的几副是“民主方针集中和坚持俱重，和平事业自卫与团结并行”“争得了抗战胜利，要快点民主和平”“争和平万众同心，反内战大家努力”。最有刺激性而且有点碍眼的一副是“陕甘宁边区工商茂盛；蒋管区各地百业凋零”。

记者们还分别参观了枣园、杨家岭和中共中央党校。

枣园据说是延安唯一的风景区，其实不过是有些稀稀疏疏的树木和几座小小的土山。园内所有的房屋都是依傍着山坡修建的，除了开大会用的礼堂和三所给苏联顾问住的平房外，其余都是窑洞。在礼堂中，记者看到一块朱红木质的匾额，上面刻写着“人民救星”和“献给毛主席”的字样。在一间窑洞里，还有一个保藏档案的公文柜，每个抽屉上都贴着分类的纸签。每间窑洞的陈设大致相同，几张木椅和一个小方桌而已。院子里有一大堆焚成灰烬的字纸。

杨家岭是中共中央委员会的驻地。中央大礼堂是为迎接中共七大召开，由中央机关工作人员自己动手修建的。这座没有钢筋水泥，完全用砖石修盖、中西合璧大跨度拱式结构礼堂，成为延安最宏大的建筑物。礼堂大门的上方刻有斧头镰刀的标志，屋脊上最引人注目的是一颗大红星。礼堂内足可以容纳千余人，两旁墙壁上仍然贴有标语“坚持真理，修正错误”和“团结全党，服务人民”，那是中共召开七大时的原貌。从主席台绕到右后方的大休息室，铺设着整齐的地板，介绍者说，这里也是举行舞会的地方。距礼堂不远的也是用石头砌成的三层图书馆，阅览室里还摆着五张大圆桌。一年前的1946年3月，马歇尔在周恩来、张治中陪同下到延安，毛泽东、朱德等中共中央领导人就是在这里宴请他们的。大公报记者还注意到，毛泽东居住和办公的三间窑洞，“看不出有什么特别的地方”。

记者们参观中共中央党校，看到的又是一所空房子，不过，墙上仍留有抨击国民党的标语，礼堂外面的墙上，正对着大门有毛泽东的浮雕像和他亲笔写的中央党校校训——“实事求是”四个大字。

归途中，记者们经过贺龙总部，顺便拐进去看了一下，同样空空如也。

一路参观，给记者留下的印象是，中共中央从容撤退，除了焚毁必要的文件，所有的建筑、陈设都原封不动留了下来。在晚餐桌上，有记者说笑道，咱们一下午的活动，看了那么多空房子，哪里是记者采访，倒像是一批想租房子的客人。

有关国民党占领延安的报道，还引出了一桩国民党“自己人打了自己人”的“趣闻”——国民党北平市党部办的民强报，因为一篇关于延安的社论，遭到当局停刊三日的处分，理由是“言论失检，歪曲事实，观点谬误”。这篇题为《中共放弃延安国无宁日矣》的社论说：“国军收复延安，这消息乍听来很使人冲动，其实并不足惊奇，……放弃延安，中共中央早已在其计划之中。因此国军之收复延安，毋宁说是中共自行放弃延安。”社论还猜测了延安总部的新址，说他们可迁的地方太多了，“……纵然今后国军节节得利，处处摧毁其总部，其庞杂游动的广大军队，完全消灭殆为难能，更何况共党威焰方兴未艾，消灭不易。和平不可谈，双方打个不休，则战争永难平息，国无宁日了。言念及此，痛心而已矣！”南京政府宣扬“攻克延安”，北平党部却说“中共自行放弃”，且为内战“痛心”。国民党自家打脸了。该报本来销路平平，被处分反而吸引了读者。大公报记者子冈写道：“这一痛心，停刊三天，身价十倍，真是塞翁失马，焉知非福了。抗战八年中，曾有‘一个主义，一个思想，一个领袖’之号召，今后北平新闻界看来也非要加上‘一个观点’不可。仁者见仁，智者见智之谓，在今天已有过时之讥。”

由延安被占领的报道，让人想到一年前另一位大公报记者徐盈写的通讯《延安的春天》。那是他随马歇尔、周恩来、张治中三人小组飞赴各地视察军调工作中的一站，时在1946年3月。徐盈写道：

……在那个延水冲积出来的大场子上，只有一座小小的彩牌楼，交插着美国国旗与中国国旗，四围团团站满了上万的手执红缨枪，穿着土布军服的人民、士兵和公教人员。

延安没有很多的交通工具，为了美国几部吉普车，要到延长运来一些国产汽油才能开动，但我们的车子不知道是坐的人太多，还是机件不灵，开出不久便抛了锚。不知道从哪里特别赶来一架运油机，才算解决了油的问题。

到延安，外表上看不出什么浓厚的政治气氛，但由于那么多的成年人在跟着汽车乱跑，说明这里还是一个闭塞的农村，人民还没有接近了更多的机械文明。而由于中共的干部们来自四面八方，虽然是这样一个全中国较落后的区域，也变为全世界注意的焦点。这种努力是空前的，但对于一个外来人，延安的进步甚难从表面看出来。假如不把这地方叫作延安，当中共和它的干部们离开以后，这区域的未来将要成为什么样子，倒是耐人寻味的。

延安新市场上有一条长街，除了一些小小的商店之外，边区银行成为最伟大的建筑，临街还有一个兑换所。这些商店的建筑，犹如轰炸后重庆的新产物，简单朴素，木料白白的，还没有上油漆。……毛泽东住在枣园，朱德住在王家坪，那是全延安仅有树木的风景所在地。

一行人在此仅有一夜逗留……到中共中央去开晚会，途中已然暮色苍茫，惟独作为马歇尔行辕的美军联络组所在地灯火通明，那里的发电机正在隆隆作响。

在举行晚会之前，在餐厅内先有一个较大的宴会，宾主共有十桌。用来照明的是马灯，在室外，一辆大汽车的车灯也开了，引导着客人。雪后的延安，地皮上非常松软，田野的肥料气偶然地飘来。解放日报上说：他们要提前春耕了，此时此地，正看到延安的春天。

当晚，延安中央大礼堂举行了一个历史性的集会。会场高悬中共七大时的标语“在毛泽东的旗帜下胜利前进”和毛泽东、朱德的巨大画像。朱德、马歇尔、张治中分别做了热情洋溢的讲话。张治中在讲话中还特别说道：“我刚才已和毛主席谈过，将来你们写历史的时候，不要忘记写上一笔：张治中三到延安。”这引起众人欢笑。[①]

时间仅隔一年，同一个延安，两种场景，两种记录，都留在了历史上。

---

① 张治中一生为和平而奔走，被誉为“和平将军”。中华人民共和国成立后，曾任全国人大常委会副委员长、国防委员会副主席、民革中央副主席等职。1969 年 4 月 6 日在北京病逝。

西康“鸦片之战”

1947年1月，地处边陲的西康（今四川西昌、雅安地区）爆发了大规模的地方军队与当地人民的武装冲突。

事件缘起时任西康省主席刘文辉实行的“武装铲烟（鸦片）”，实际上是西康多年社会问题和民族矛盾积累的恶果，终于引发了一场“鸦片之战”，国民党当局称之为“暴乱”。大公报报道此次事件时有如下记述：

1月18日，南京专电：西康在京人士请愿并招待记者称：刘文辉统治西康以还，摧残教育、勒种鸦片、包办省政、奴役康民，终至酿成民变。由于刘氏数年征收公烟之积弊，去年三月五日荥经东区民众开始反抗，刘部二十四师搜烟部队攻陷荥经县城，格杀保安第一区司令张禄宾。天全民众于同日与二十四师之黄以仁团冲突于兴业乡，二日后该团被民众击溃，败走雅安，损失枪械二百余支，伤亡五百余人，两县民众共伤亡一千余人，民房被烧一千余户，以后又有大小冲突六十余次，波及芦山、雅安等县，几经调解，终无结果。迨去年十二月三日，天全灾民数千因饥寒交迫，结队返家，被二十四师黄以仁团阻击，遂起冲突。民众于十六日将黄团全部击溃，刘文辉密调所部二十四师大事进攻，激起天全附近各县民众之愤怒，大规模之军民冲突于是爆发。目前雅属各县民众数万人为保护生命财产计，组织西康政治革新运动委员会，誓以血肉争取康人生存。同人等谊关桑梓，谨向全国人民及中央政府请求下列各点：一、迅速惩办刘文辉。二、立即调二十四师离康，另派纪律严明之国军接防。三、请中央迅派公正大员主持康政。四、彻底根绝西康烟毒。五、切实建设西康，安定西康大局。

2月2日，成都专电：芦山劫后，灾民已组成请愿团来蓉，向西康主席刘文辉请愿。该团代表称：芦山县境人民损失甚大，今年春耕无法下种，成群灾民现正嗷嗷待哺。刘主席允即设法扩大农贷，并以巨金及棉被放急赈。闻程志武李元享及包三嫂等部，现分股在芦山城外及天全、荥经等县境内与官军鏖战。

2月17日，中央社重庆电：重庆行辕主任张群发表关于川康情形谈话，……关于西康事件，实由上年厉行铲烟为其主因。程志武李元亨等倡乱者均为多年积匪，利用此机会以相号召，乘机为乱。此次绥靖会议中，经决定分别良莠，股匪责成川康绥署督饬清剿；对于被匪裹胁的民众及受匪灾的各县，应由康省刘文辉主席负责安辑抚慰；所有善后救济事宜，由康省府切实办理。刘主席在西康主政多年，因此次发生不幸事件，经此一番刺激，感觉到政治上尚有多少缺点，已定于三月一日召集西康省参议会正副议长、雅安属各县参议会议长与西康旅蓉同乡代表及党政负责人员，开政治检讨会议，以谋革新。行辕经考察结果，认为康省在军事方面有切实整饬之必要，应遵照中央整军方案认真整理，以期达到爱护人民确保治安之目的。至处理西康事件，不外“剿匪安民，刷新政治，整顿军队”十二个字，如从此方面努力，当能上负政府之殷期，下慰康人之热望。

3月9日，西康主席刘文辉在雅安召开政治检讨会议，连日在炮声隆隆中进行，入晚即实行戒严，人心恐怕万分。雅安城内一方面见有部分被威武所征服的绅士忙于开会，一方面见有大批伤兵不断抬进，实为一种极富讽刺性的对照，盖民军正与官军在雅安城外二十里之紫石里镇一带展开血战也。当政治检讨会开幕之前夕，程治武率一千余人号称要到雅安参加会议，乃于一日起在城外与官军发生激战。又雅属一带人民以某大员近对西康事件处理失平，深表愤慨。

西昌地区历史上就以种植和贩卖鸦片闻名，由此又衍生出枪支买卖，成为当时当地最为突出且复杂的两大社会问题，各行各界都与贩卖鸦片、枪支的生意有着或多或少的关联。而与此相照应的，就是吸食鸦片的泛滥。

1939年西康建省后，作为鸦片传统集散地的西昌，烟毒问题更趋严重。由于当局奖励开发，凡有钱人都可以自由合股组社，因此西昌乡间“垦殖社”林立，大片的土地上，到处开满美丽的罂粟花，每年出产害人的鸦片未知凡几。

鸦片传至彝族地区之初，彝民并不知道此为何物，待发现这种东西不仅可以卖钱、换物，而且价值昂贵，有利可图，于是开始大种特种，以致当时的彝区几乎“无地无烟”。一方面，鸦片变卖后可以换取粮食等日用品，另一方面还可以直接换枪换子弹。不仅如此，更多的彝民还学会了如何熬制鸦片，且吸食者日众，给这个本来就落后的地区带来了新的灾难。

1944年冬，大公报记者张高峰到西昌采访发现，那里种植鸦片的，以彝人最多，汉人次之；而公开贩烟者，则几乎全是汉人。理论上，商民暗中贩毒是非法的，倘若被官方查获，烟土必被没收，人也必遭处罚。但是，官方与军队贩毒，却无人敢于过问。乐山至西昌的公路上，常见成群骡马大队出入川康，烟土数量惊人。更有汽车满载出康入川，所运货物从不许沿途警察检查，否则便会引起武装冲突。

当时，当地还有"打冤家"的习俗，"冤家"互相残杀，自然需要武器，所以人们十分喜爱杀伤威力更强的现代装备。但是，他们自己不会制造，又没钱购买，或者想买也买不到，于是纷纷以鸦片向汉人换取。因此，在西康，有"大烟出去，大枪进来"之说。当时的行情，一支"中正式"步枪可换200两鸦片，约值80万元法币；一支手枪可换300两鸦片，约值120万元。交易价格如此之高，利润如此丰厚，引得做这种生意的人蜂拥而来，连远在中原的商人都赶来发财。与张高峰同车到西昌的某人，就从河南带来手枪子弹200发，据他说可以卖到四万银元。"殊不知那两百发子弹可能制造出的罪恶，岂止四万银元可以赎回？！"张高峰在报道中写道：

西昌采访所见，吸毒是公开的，各村镇十家有九家"点灯"（当地人称大烟灯为"红灯"），街头烟馆鳞次栉比，数不尽，查不清，真正的"红灯高照"，乌烟瘴气。为了一口大烟，地方上鸡鸣狗盗防不胜防，各种犯罪层出不穷。初抵西昌时，我住在一家旅馆，相邻房间住了一位年轻女客，是到西昌来寻夫的。当晚，忽有几个无赖闯入，对她百般调戏，后竟实施轮奸。我路见不平，意欲报警抓捕，店家却再三劝阻，说那些人都是便衣队，横行街市，作恶多端，要我免惹事端。事毕，无赖们扬长而去，果然无人敢管。店家说，这类事件在西昌不足为奇。

西昌烟毒猖獗，政府也曾禁烟。宁属屯垦委员会通令所属八县，普遍设立瘾民检验所，并规定每乡设一所；西昌还设有禁烟监督机关，曾将禁烟不力的汉源县县长撤职查办。但最终究竟禁了多少烟，监督到如何程度，记者采访之后却不得而知。相反，记者了解到，西康驻军与各县区政府为维持开销，公开抽取烟税与灯捐。普通灯捐分三等，一等灯捐每天六十元，每日按户征收，各烟馆已成习惯，从不拒缴。西昌，这座已经穿上近代文明外衣的城市，为什么还留着黑暗的内衣呢？莫非是等待着人民之觉悟，政治之修明，法治之威严，才肯脱去吗?

由于西康地方当局对烟土税捐横征暴敛，后来发展到每当鸦片割浆之时，地方驻军便趁机下乡进行所谓“清剿烟毒”行动，将果实尽数掠走，令种植户辛苦一年毫无所获。人民不堪其苦，1946 年终于引发了武装反抗。1946 年 5 月起，大公报连续报道，“川康武装铲烟，农民与军队激战死伤甚众”“西康铲烟风潮已如星火燎原，糜烂未已”……而刘文辉却声称，“昔年治边者，不外威服、分化及羁縻三种办法。余则以德化代替威服，以同化代替分化，以进化代替羁縻，自信西康今日之所以安宁，全赖‘三化’政策推行之效果”云云。

西康“鸦片之战”爆发，使张高峰想起当年的所见所思，便写了通讯《西康问题不容忽视》，发表于 1947 年 2 月 11 日大公报。文中写道：

西康正闹着严重的“军民之战”，但官方对此事缄默，未有详细报道。记者于三十三年（1944）曾旅行西康，当时即感西康政治漆黑一团，民不聊生，但因彼时抗战正处艰苦时段，纵有评论川康之文字，必被检扣。今国土光复，一切亟待刷新，期国家入富强之途，记者愿以此文报道西康政情，再请政府重视西康问题。

……因彝民文化低落，难免被汉人轻视，治彝者更想尽办法压榨。彝民称治彝者为“汉官”，汉官每用“以彝治彝”之办法治理彝务。……近年以来，刘文辉在西康之声势浩大，彝人作乱既大兴戡伐，……彝人更成为压迫之对象。凡与汉官初次见面者，往往须缴“见面礼”若干；若武装之彝人欲投诚汉官统率者，须缴“投诚费”若干。且驻军时常入山剿彝，抢走银锭与鸦片。彝民恨汉人入骨，以后甚少归化者。屯委会门前写出两大标语“不要见面礼，不收投诚费”，但彝民对汉人政府之层层剥削早有戒心，稍有活路，决不投诚。

彝民在川康边境约有百万，占西康人口三分之一，故西康之民族问题不得不注意，治彝方法应首重民族之平等，保护其原有之社会组织，协助其进步，发展交通，畅疏汉彝间之来往，进而奖励汉彝通婚，打破民族界限，数十年后，当无严重之民族问题。

……二十年来刘文辉在西康之建树如何，政府与人民尽知。三百万人口之西康无一所大学，专科学校也仅西昌有国立中央技术专科学校一所，其学风之坏，闻名全城。省私立中小学亦寥寥可数。宁属一带藏有丰富金钢铁，刘除奖励“垦社”外，从未奖励开发矿产。再以省政府之组织而论，其妙无比。省府应设康定，但刘本人常驻于雅安，去康定偶尔为之。财政厅在西昌设办事处，财政厅厅长率领一部职员常驻于西昌，康定财政厅等于虚设。实际雅安为西康之政治中心，刘之一切干部训练机关均设此。西昌为西康之经济中心，宁属在西康最富，鸦片尤多，地方税收有赖于此。记者初入西康时，同车之一军官（刘之部下）谓："云南龙主席是一省，我们西康可称一国。"听后令人心危。盖指西康交通不便，又天高皇帝远，地方政制无人过问，不合中央之制度者极多，刘文辉可自由设制。

西康全省闻名之军队，为刘文辉自兼军长之二十四军，该部队内多刘之同乡。各地大抵均受治于军人。西昌各城门，随时可看到人民诉冤之告白。西康人民受冤，从无处告诉。呜呼西康人民！政府若再不整顿西康省政，而一味因循下去，终有一日大乱。政府之不幸，尤人民之不幸也。

1947年3月，西康事件在当局强力武装镇压下逐渐平息，但大公报的报道说："西康战乱之悲剧，有人投诚后全家仍被烧死，乡民武装报仇，粮尽饿毙者甚众。"其社评更称："以飞机轰炸人民，非明智之举。……地方政治的黑暗，民族问题的复杂，政府置之不顾，硬认为叛乱必须施诸武力，这是危险鲁莽的举动。民不畏死，奈何以死惧之！"新华社转发时所用标题为《西康彝民英勇反抗"清剿"，雅安宁远蒋军受挫；天津大公报猛烈抨击蒋介石屠杀政策》。

日本战犯与大汉奸的下场

战乱频仍，民不聊生，如果说还有些许令中国人民欣慰的事情，恐怕就是审判日本战犯与汉奸了。这也是国民党当局不得不顺应一点民意的“表示”。

日本侵华14年，屠杀中国人民的战争罪犯为数众多，附逆的民族败类数以万计，战犯罪大恶极，罄竹难书；汉奸助纣为虐，鱼肉乡里，人们恨之入骨。抗战胜利后，惩治战犯、汉奸，本应该是政府立即着手的急务，而国民党却急于打内战，这件事便一再拖延下来。1947年，大公报陆续报道了相关消息：

2月6日，南京大屠杀主犯谷寿夫受审；2月8日，南京高院宣判丁墨邨死刑；3月27日，政府准予周佛海死刑减处无期徒刑；4月26日，谷寿夫枪决；7月5日，丁墨邨明正典刑；10月15日，北平公审川岛芳子；10月22日，河北高院宣判川岛芳子死刑；12月1日，巨奸殷汝耕伏法；12月18日，南京审判以杀人比赛闻名于世的日本战犯向井敏明、野田毅及南京陷落时杀害我三百同胞的田中军吉，当庭宣判三犯均处死刑。

上述战犯、汉奸都是罪大恶极、臭名昭著者。

谷寿夫，侵华日军乙级战犯，南京大屠杀主犯之一。日本投降后逃回了日本老家，后被逮捕押解回中国。公审那天，审判大厅两旁的柱子上贴着根据岳飞《满江红》名句改动的对联：壮志饥餐胡虏肉，笑谈渴饮倭寇血。公诉人宣读起诉书、证人证言证物后，法庭如火山爆发，一片愤怒、痛哭之声。3 月 10 日法庭宣判处死刑，谷寿夫面无人色瘫倒，由法警拖拽押出法庭。4 月 26 日，谷寿夫被押赴刑场，沿途聚集的群众连绵数里，斥责怒骂声不绝。谷寿夫罪有应得毙命南京雨花台，漫山遍野围观的人高声欢呼，掌声雷动。血洗南京者死于南京。

向井敏明、野田毅惨绝人寰的杀戮，在向南京进军中即已开始，彼此相约“竞赛”，商定占领南京时，谁先杀满 100 人为胜者。他们从苏南句容一路杀到南京汤山，向井敏明杀了 89 人，野田毅杀了 78 人，“竞赛”继续。到 12 月 10 日中午，两人军刀竟已砍缺了口。野田说杀了 105 人，向井说杀了 106 人，因确定不了是谁先达到杀 100 人之数，决定“比赛”不分胜负。这两个灭绝人性的恶魔拿中国百姓的生命当作比赛筹码，实属恶贯满盈。战后，他们都逃回了日本，后被捕押送到中国，经审判处死刑，在雨花台被枪决，杀人恶魔终于得到了应有的报应。[1]

丁默邨，汪伪中央常委兼社会部长，超级特务。他在上海组建

---

① 据中央社报道，抗战胜利后军事法庭受理日本战犯共2388名，迄1947年年底，已结案者 2170 名，其中判死刑者有谷寿夫、酒井隆等 110 名；处无期徒刑者 41 名；处有期徒刑者 167 名；宣判无罪者 283 名；不起诉者 661 名；不受理者 30 名，非战犯遣返日本者 878 名。现尚余 218 未结，正在陆续审理中。

76号特工总部，血腥镇压爱国志士，仅在1939年至1943年不足四年时间内，就制造了三千多起血案，人称“屠夫”。抗战胜利后，丁默邨被国民政府逮捕，1947年7月5日被执行枪决。据当时报载，丁逆听说要执行时，顿时吓得面无人色，浑身发抖，颓然倒地。应了那句俗语：“昔日杀人者，人亦杀其头。”

殷汝耕，“七七事变”前即投靠日本，出任伪冀东防共自治政府主席，是最早的大汉奸之一。抗战胜利后被判处死刑。殷汝耕不服，写出数万言《自白书》，罗列“协助抗战”功绩，为所犯罪行辩解，被法院驳回。1947年12月1日被处决。临刑前还大呼：“本人并非叛国，我的心还是向着国家的。”但已无济于事。

川岛芳子，汉名金璧辉，清肃亲王善耆第十四女，自幼成为日本人川岛浪速养女，在日本接受军国主义教育，成年后返回中国，长期为日本做间谍。历任伪满洲国安国军总司令、华北人民自卫军总司令等要职，人称“金司令”“东方女魔”。1948年3月25日，其在北平第一监狱被执行枪决。

回顾抗战胜利后审判战犯、汉奸的过程，由于后者认贼作父，为虎作伥，人民要求惩治汉奸的呼声甚至超过审判日本战犯。

1945年9月，汪伪政府实业部长梅思平等成为被捕的第一批汉奸。战后抓捕、审判汉奸行动随即在各地展开。到年底，各地捕获有汉奸嫌疑者4291人，但审判进程却拖拖拉拉，旷日持久。

审判梅思平那天，南京朝天宫法庭内外人潮如海，因无旁听证而站于广场上的人多达3000余。梅思平在辩护书中狡辩：“‘和平运动’乃以本国之利益为前提，本人在职五年间所经办之事务，皆直接于沦陷区之民众有利。”但法官并没有采信汉奸的辩辞，最终宣判梅思平死刑，并在南京老虎桥监狱执行枪决。梅思平成为南京第一个被枪决的大汉奸。

大公报记录山西审判汉奸的场景是，1946年5月，山西第一批大汉奸侦查终结，移送法院，引得民众围观：

巨奸伪山西省省长冯司直、王骧及伪厅长裴淑泉、赵汝扬等首批四十七人五日晨九时移送高院。七时前民众已群集拘押处所之外，冯逆等甫出大门，众大鼓掌。冯等分登备妥之大汽车五辆，押警将重犯分别套以铁手铐，各犯俯首。各犯眷属麇集门前观望，面现忧色。尤以六十余岁老奸冯司直之二十余岁姨太太，足着白鞋，含泪远立目送。解赴法院途中观者极众。

8月，日伪“省长”王骧、冯司直开审之日，更引得太原万人空巷：

一日晨八时半晋高院首审王骧。甫破晓，旁听民众齐集高院门前，开审时庭内已无隙地，由院内直至街头，聚集达万人之众。王逆作事变前之经历及战时附敌之经历供述，被询卅三、卅四（1944、1945）两年山西施政大纲及经济特务警察之组织，并开放烟禁种种有利于敌，反抗本国之事实。王逆举出阎长官于其伪省长任内致其函件二封，并举出任用军统局人员江龙为伪雁门道尹，及掩护中央地方地下工作人员之种种证据，历陈其系通谋本国，图谋反抗敌国之事实，多所狡辩。王逆年迈，精神似已失常，于全部审讯之三小时中，时以剧中念白之声调高声答问，其间大哭三次，老泪横流，手抖汗流。

三日晨八时公审伪省长冯司直。冯被提出监狱，沿街人山人海，排列而观，院外亦挤满听众。冯逆系一书生，开审时面容惨白，惟态度镇静，不似王逆骧之滔滔声辩。审判长指出其历任伪职一切有利于敌之行为时，冯答：是。询及其所作所为是否有利于本国时，冯答：没有。但于辩论时，冯逆举出其禁烟、禁毒及保护阎锡山长官派回之地下工作人员，且委以县长十余人之事实，并引经据典，掩饰罪行，乞从轻处刑，愿以不死之身继续教育工作。迄十一时二十分始毕。

最终，冯司直被判处死刑，王骧被判处无期徒刑，褫夺公权终身，所有财产除酌留家属必需生活费外没收。然而，第一任山西伪省长、且任职时间长达五年的大汉奸苏体仁，却因曾为阎锡山暗中勾结日寇居间联络，与其私交深厚而逃脱了惩罚，1949年更被阎送去了台湾。

据统计，全国附逆的伪部长、伪省长之类的大汉奸有400多人，但最终受到审判的并不多。1946年3月，上海大公报发表文章《大汉奸何处去了》，质疑当局迟迟不向法院移解犯人，惩治汉奸何时才能兑现。6月20日，汉奸傅式说伏法，大公报报道标题《上海枪决第三个汉奸》，颇具讽刺意味。

在诸多大汉奸中，有几个人值得一提。

先说周佛海。他早年留学日本，曾是中共一大13位代表之一，后脱党，成为蒋介石的亲信干将。抗战期间投日，又成为汪精卫的“股肱之臣”。抗战胜利后摇身一变，由臭名昭著的大汉奸变成了国民党的接收大员。后迫于舆论，国民党不得不逮捕他。1946年11月，国民党南京高等法院判处周佛海死刑，大公报报道：

记者问周逆："判处死刑有什么感觉？"周答："这是国法。不过秤太倾了一点。难道我的功不要了吗？"问："你还上诉吗？"答："然。但我周佛海的命运不在今天，在戴故局长死的那天已经注定了。我的行动只有戴故局长最清楚。他如在，当可为我挑起担子。如今也只好死了。"最后在记者的拍纸本上写"十年以后真知我"。（此为梁任公诗句）

周佛海说戴笠对他的"行动"最清楚，是指他抗战期间曾经通过戴笠与国民政府联络，"脚踩两只船"，首鼠两端，胜利后自诩"地下工作者"。1946 年 3 月，戴笠因飞机失事身亡，周佛海辩称"死无对证"，才有了那句答记者问。后来，蒋介石果然签署特赦令，改判周无期徒刑，理由是"在敌寇投降前后，能确保京沪一带秩序，使人民不致遭受涂炭"。1948 年 2 月，周佛海病死于狱中。

再说汪精卫的妻子陈璧君。大公报 1946 年 3 月 11 日南京专电：

陈璧君近因其女文恂到苏州探监时，未能面谈，经法院许可，送出便函一封。文恂十一日出示报界，原文云："余在高等法院决不请律师，如判死刑，亦不上诉，以表吾人非畏死及为一切而作和平运动，其他毁谤均不辩而自明。但愿个人受死刑后，诸'和运'同志及因'和运'而累及之人们，得早日释放。否则国家牺牲过大，政府不尝注意其个人，亦当念其家属，因其在外之家人，实较被扣者为苦，悲愤穷困之余，老者近乎沟壑，少者迫入歧途，不可不慎也。至于本人死是死得起，但牢是坐不起，因近两年来诸病按时而发，此六个月中更是无一日不与病魔相斗，医药之费更不容说，而且又劳嗣女如此辛勤，故可死而不可久囚。如判决不死，则是否不上诉更须看徒刑之久暂矣，最好是死刑，一了而了，外间的气也泄；同志也或因璧君之死，气已泄，而得减轻。但不论如何，不必再为家累，及苦我儿女之养。我国人公私之愿均遂矣，故死决不上诉。”

从这封信可以看出，陈璧君宁死不认罪，还摆出一副“为朋友两肋插刀”、疼爱子女的姿态。她所谓的“和平运动”不过是为汪精卫的卖国行为粉饰。1952 年，陈璧君死于上海监狱。

第三个是周作人。对于这个既是鲁迅先生的弟弟，又是汉奸的公审，大公报曾报道：在法庭上，法官“问过姓名，周逆立即送上证件一本，一面踮起脚来遥对法官翻阅着的文件指指点点地申说”，活脱脱一副丑相。他辩解说，国民政府教育部部长朱家骅曾发表谈话称，“华北教育并未奴化。难道我也可算汉奸乎？”可他没说，朱家骅还说过：“他（周作人）自己这样说，可以算数吗？你如认为他是汉奸，则我也无异见。”周作人还辩解说，自己“非但没有通敌，反而有被日本目为敌人之处”，其理由是，日本人曾指责他写的《中国的思想问题》，因此自诩“大东亚思想之敌”。其实那篇文章不过隐约地说到旧道德，不赞成损人利己而已。此外，周作人又说曾受前北大校长蒋梦麟委托，参与了保管北大校产，掩护过地下工作者之类，有一些“小功劳”。但法官问他为北大保护了哪些财产，救了多少人，他却说“不知道”，仅以“都是中国人应做之事”敷衍过去。……周作人这番自我辩护，要的仍是“丑表功”那套伎俩。

1946 年 11 月 6 日，周作人被判处 14 年有期徒刑，次年改判为 10 年有期徒刑。1949 年 1 月，蒋介石下野，李宗仁“代总统”，在国共和谈的空气中，周作人被放出监狱，8 月回到北平定居。后来新中国政府以预支稿费的办法把他“养起来”。1967 年 5 月 6 日，周作人病逝于北京，享年 82 岁。

最后说周大文。如今 60 岁以下的人知道他的也不多了。但如果说京剧名家刘长瑜，可谓家喻户晓，而周大文就是刘长瑜的父亲。

其实，20 世纪 30 年代，周大文可是大名鼎鼎的人物——国民政府任命的北平市市长。虽然他实际上只干了一年多，但毕竟是北京曾经的“父母官”。不仅如此，他还曾是奉系军阀张作霖的电务主任，1928 年“皇姑屯事件”中张作霖遇难时，周大文就在同一列车上，但幸免于难。由于与张作霖的关系，他还是张学良的结义兄弟。1930 年东北军入关，张学良出任全国陆海空军副司令兼军委会北平分会代理委员长，1931 年，周大文做了北平市市长，而与他同时上任的天津市市长，就是张学良的弟弟张学铭。

周大文年轻时就有两大爱好，一是京剧，二是美食，且烹饪技术了得。1933 年，他随着张学良下野而辞任市长之后，就在北平开设了中西餐馆各一家，以及一家南味糕点铺，招揽了不少名家光顾。周大文的菜做得好，张学良常携亲友去吃饭，有时干脆就在周家请客，由周大文亲自上灶掌勺，请客人品尝他的拿手菜。

20 世纪 50 年代，周大文忽然到北京前门外煤市街一家私人小饭馆“新馨食堂”做了掌勺厨师。这家饭馆的老板是东北军旧部，股东则大多是被东北军军官遗弃的姨太太，了解内幕的人常去这家饭馆吃周大文拿手的干烧鱼，味道堪称一绝，连梅兰芳、郭沫若等许多名人也去捧场。那时周大文随身带着一张女孩子的戏装照片，遇见好友便掏出来显示一番。那孩子长得俊俏、活泼，就是正在北京戏校学习的他的女儿周长瑜。

周大文新中国成立后“下海”当厨师的事情，当时并没有人宣传。几十年后，有人写文章公开发表，竟传为“从北平市长到京华名厨”的“佳话”。不过，其中却隐去了周大文的一段经历——即从日军占领北平到五十年代初这十余年，周大文并非“赋闲”。“七七事变”后，他曾先后出任伪北平广播协会会长、伪华北演艺协会会长、伪华北广播协会会长。因此，抗战胜利后周大文被国民党政府以汉奸罪逮捕入狱，当年大公报还曾点名公开报道。

后来，周大文保外就医，这才有了“赋闲”之说。否则，以他的身份，新中国成立后不应该无事可做的。刘长瑜自己也说，她后来改随母姓，也是因为戏校领导劝她，“培养你这样出身的人，别人可能会有意见，要不你就随母姓吧。”她还说，“其实我父亲所在的华北电台是作为盟军的地面指挥，是协助抗日的，他不应该算汉奸。”周大文这段历史如何评价可以姑且不论，但如果隐去事实，笼统地说他“赋闲”而“下海”，甚至传为一段“旧市长自食其力”的“佳话”，则有大谬。

1947年6月20日，大公报以“抗战八年多少苦痛，受惩汉奸仅万余名”为题报道：国府司法行政部兹公布各省法院处理汉奸案件，截至本年4月底止，全国检察方面经办汉奸案件起诉者22742人，不起诉者1334人，科刑者10816人，判决无罪者3880人。科刑之中，判处死刑者272人，无期徒刑者731人，其余判处有期徒刑年限不等。

值得注意的是，报道中所说“不起诉”“判决无罪”，是包括丑闻的。

1946年9月，北平审判汉奸发生两件令公众大惑不解的怪事：一是判决大汉奸张燕卿[①]无罪释放，二是大汉奸王揖唐[②]指控判决其

---

① 张燕卿，本名仁乐，以字行，清末重臣张之洞之子。1931年“九一八”事变后，他卖身投靠日本关东军，任伪满洲国实业部大臣、外交大臣，1937年辞任，回到北京任伪新民会副会长。日本投降后以汉奸罪被捕，靠其妻疏通关系“无罪释放”。

② 王揖唐，日伪时期华北伪政府头号汉奸，1948年被枪决。

死刑的法官何承焯本身就是汉奸，声称“以小汉奸高踞堂上审大汉奸，将何以杜悠悠之口？”消息传出，社会轰动，连国民党的《中央日报》也看不过去了，发表社论《肃奸史上的污点》称：“……张燕卿的叛国，纵令我们绞尽脑汁，也想不出一个可以替他解脱的理由。居然我们堂堂法院，判为无罪。据我们高明的法官说，张燕卿是地下工作者。好！我们现在暂不去追究他的罪行，我们只要求法院明白宣布他做的是哪一种地下工作。他这样的高位大臣兼副会长，在敌人严密环伺之下，而能确实执行抗战的任务，不但是奇迹，并且应该是大功。轻轻放过一个卖国的巨犯，因此我们怀疑到审判该逆的法官的头脑。第二件怪事，河北高等法院刑一庭庭长何承焯是前伪法官养成所教务主任，并且一直受伪华北政务委员会的直接指导，是王逆揖唐的直系汉奸。就在他的审讯下，判决不少巨案。以奸审奸，当然是眉眼传情，汉奸理论说来加倍中听。法官与罪犯在心底起了共鸣，焉有一个个不判成无罪开释的呢？司法行政当局铸成如此的大笑话，第一证明了司法行政的腐败，第二说明了河北高等法院审判不合理。我们除了要求司法当局引咎以谢国人，并且要求重审张逆燕卿，以及其他被开释的汉奸们。为求政府的清明，维持法律的尊严，要求重惩何逆承焯，以及荐举和任用他的负责人。我们愤怒，我们惊诧。纪纲呀！纪纲！”

无奈，南京司法部只得撤销何承焯职务，另委派吴盛涵为庭长，重新审理王揖唐汉奸案，复判仍是死刑。而张燕卿则逃到日本去了，客死他乡。

1947年11月，大公报记者子冈采访北平第一模范监狱的报道中特别提到，当时狱中在押的汉奸438名，这些“汉奸是宠儿，大黑门洞里收进菜盒提包，送出来空盒脏衣服，往往私带烟酒被查出。已判决的 202 人中，只有 63 个小特务之类做工，其余都袖手等吃等喝。他们正在自己出钱安装火炉，平常犯人有钱也不许生火，连工厂还是冷冰冰呢。有近百汉奸在监狱附近饭馆包饭”。

看到这样的报道，读者怎能不感慨万千。

北平的日侨与德侨

战犯与汉奸必须惩办，但对敌国侨民却不能照此办理，除了大部分遣返回国，一些地方由于战后建设的需要，还留用了部分日本工程技术人员，连带产生了他们的家属安置、子女教育问题。

北平沦陷期间，曾经有十多处日本小学，战后，交通部为留用日本技术人员的孩子上学，特拨员工宿舍三处作为日本小学校址，分别在交道口、参政胡同和麻线胡同。三处学校对外都不挂牌，每天进出的日本孩子，多穿中国服装，很难区别。但他们大多衣着整洁，面色红润，与中国的贫苦孩子形成对比。为了一探究竟，1947年冬，大公报记者子冈到麻线胡同的日本小学采访：

麻线胡同二十七号的外院是校舍，记者敲开挂着"燕京学院"小牌的房门，站出来一位只穿着袜子的中年人来，他就是主任，瘦得有点清瘦的脸上架着近视眼镜，制服十分旧可是干净。里面热气扑面，洋炉子生得旺旺的，"榻榻米"上坐着十几个少年男女，盘膝就着矮桌抄笔记。这一堂是中国史，只有主任有书，一本“东洋历史”，黑板上写着“尧舜禹”几个字。他来北平六年了，中国话说的不坏，问他的名字时，他要一个小女孩代他写了一个纸片，“今川喜久治”五个字写得恭恭正正。这孩子也许是级长吧，又拿托盘送来两杯热茶。

今川喜久治是学教育的，六年来一直在北平任教于日本办的小学、中学。他是日侨自治会理事，自治会委托他办这三处小学，另二处有人负责，也由他监理。麻线胡同这所学校有50多个学生，是最大的一处。子冈与之对话：

“我是主任、教员、门房、听差和一切！”他坐下来笑着说：“学生每人每月交三万元，文具纸张自备。九月份以前每人每月才一万。自治会每月给四十六万。”

我指指火炉说：“这个呢？”

“什么都在内，就是三万元。”他告诉我说，三个月以前买下的三吨煤，才四十万一吨，他们四个大炉轮流生三个，写字画画课并教室。据说一冬一吨煤就够一个炉子烧了，放学则熄火。这位主任在上午九时上课前就得把三个炉子生好，课堂洒扫好，他给我看两只粗手，果然不假，上面有些难以洗净的黑纹。

“你每月拿多少钱呢？你的生活如何维持？三吨煤怎么存下的？”

他提起制服说：“你看我穿的多坏，（由他的清瘦上看，吃的也不会好。）如果以钱为目的，这学校根本不能办了。家长们相信我的人格，每月交三万，什么也不问了，我不必报账。我是为了留用人员子弟办学校，自己的生活尽量节省，内人和两个孩子也在这儿，下面的一些事情她管。”大约是指茶水等等，他们的卧室在角落上一间小屋里。比起沦陷时期的日本小学，麻线胡同这个学校太寒伧了。过去的日本小学，从房子建筑家具以及体育用具，都是为孩子们设计的。

学校的课程安排是，每周中文六小时，日文与英文五小时，四年级起读英文。今川是唯一自上午9点到下午4点的“全能教员”，别的课由侨民们分担。今川领子冈看了一至四年级合并上的绘画课，一位女教师跪在地上在讲课，二三十个学生都在伏桌作画。五六年级在上科学课，一位男教员用硬纸板及毛玻璃片做成筒状，在讲摄影原理，孩子们看得津津有味。

“日本地理历史因为得不到教材，都暂时不教，过去沾染军国主义的一些教材都不用了。”今川说，非常希望能够得到目前日本学校正用着的教材，他还问中国代表团能不能帮忙。他们有一架油印机，可是为了纸张油墨太贵，讲义也很少印。架子上的各科书籍倒满满的。

今川说，五时以后有十多个留用日人在他那儿学中文，这又是一个义务职，是他鼓励大家上的，他认为既在中国留用，会中文便当一点。

他谦恭地把记者送出风沙扑面的大门口，行着九十度的礼。从这一个小学，战败国的日本国民似乎已把“败”字洗去了一半，如果我们不把侵略责任要日本人民来负，而且不摆战胜国的可怜架子，对于日本人民的刻苦无私精神，我们应当看齐。

战后的北平，还有500多德国侨民，当局对他们实行集中管理，等待回国，地点在东交民巷。子冈前去采访，并与德国侨民交谈：

……高度的礼貌在这儿存在，比日侨集中营更多自由。四所洋房周围一片碧绿，正是暑气稍消的乘凉好时光。男人女人孩子都在树荫下游玩，生长在中国的黄发蓝睛的德国孩子（他们该不致成为小纳粹了），在集中的百人中约有三十个，他们不时地与中国警士挤眉弄眼地表示亲善，快要回家——自然也快要旅行的喜悦定格在他们的小脑海里。

我和一位站在水龙头边沉思的男子讲话，他叫杰克，是德国大使馆的馆员，来中国十一年了，只有假期才回去过，大约三十五岁左右。“我们都几乎是志愿来集中的，因为自从战事结束起，许多德侨都想乘第一条船回家。”他说英文，并指给我看，在那边坐着的是他的太太和孩子。

见我问长问短，他忽然问：“你是新闻记者吧？”他表示知道大公报，“在这儿我们选出来的侨民负责人也是德国的记者呢，你到他的公事房里谈谈吧”。在引我去公事房的路上，他说所中生活很好。德国大使馆的东西多已封存，私人衣物可以拍卖，他在北平的财产只有些家具而已。他狡猾地不对纳粹表示什么意见，而且申说他只为政府工作，却并非纳粹。

在一间小屋子里，五十五六岁的老记者阿布兰根与另外三个人在办公，打字机十分忙碌。他对我这同行十分感兴趣，他有着灰白发与尖尖的鼻子，骆驼牌纸烟不离手地吸。他的英文十分清晰：“我从一九一九年起当记者，在许多报纸通讯社工作过，最近三年在海通社作旅行记者，去过日本、内蒙古、满洲、平、津、南京与浙江……”

“那么你是一直在采访着我们的傀儡政府的消息了。”我说。

他答辩得很快：“可是我是用自己的眼睛去看的。”

问他见过汪精卫否，他说去南京时汪已经病了。

他是被动同时也是自动地想回德国。很可玩味的是他也声明并非纳粹党徒。“海通社是半官方性质的，许多年轻记者是纳粹，对于我这样一个有经验的职业记者，他们没有勉强我入党。”

美国他没有去过，欧洲国家他全部到过，除去苏联。

“为什么没去过苏联呢？”

“很难得机会去，只有四五个德国记者去过苏联罢。”他回答我另一个问题说：“从我自由主义者的立场说，我也许是比较喜欢美国的，但是苏联是世界上的一个新兴国家，我对她也保有无限兴趣与幻想。若从生活方式来讲，毋宁说我是喜爱美国的。”

他说他不像某些人对国际和平已然失望，他仍旧是乐观的。“战争才一结束，许多事项要给以时间来安排，虽然一次次外长会议失败，但我相信有一天理性会走在一切之上，那么人类就可以和平相处了。”“盟国应该把民主自由的一切经验教给德国人民，作给德国人民看，”他说，“我相信纳粹教育也不见得在人民中有多深的根，丰足健全的生活才能产生好的思想。要有更多的安全，更多的自由，更好的生活条件，德国人才能相信新的比旧的强，如果生活贫困而又受威胁，另外的独裁法西斯等等政制仍会诱惑了他们的。”

“你以为目前在盟国管理下，德国人民待遇十分可怜么？”

“不知道，这也是我急于想回去瞧瞧的原因了。还是那句话，战争刚刚结束，在一个大灾难之后，要慢慢地才能恢复就绪的。”

阿布兰根是侨民会的负责人，由于他能干、热心，大家才选他的。因为另外有客人等候，他请另一位德国人秀尔陪同子冈参观管理所。

参观时遇到一位近五十岁的妇人，秀尔为我介绍这是阿布兰根的太太，她很欣喜我已和她丈夫谈过了，“明天就要刊在报上么？”她问。

我说：“不，也许是后天，大后天。我们有天津、上海、重庆三版呢。”她说：“很好很好。”她丈夫旅行各地时，她偕同一路，想来也是中国通了。

我忽然问起她有孩子否，她立刻低下头来，“有过一个，但已丧失在德国了。”红了眼圈。她走开了，秀尔才告诉我说，阿氏的独子是医生，德国垮台后，阿氏夫妇刚在庆幸可以看到儿子了，可是之后得到消息说，在战事结束前八天，他们的爱子被盟机炸死在德国了。这大战中的小故事是十分凄凉动人的。

秀尔曾侨居在爪哇苏门答腊十九年，作荷兰可可公司的事务，之后他被集中了，他的妻儿被送往日本，原拟转道苏联送回德国，之后苏德战争爆发，便滞留日本至今，仍未通过消息。“我八岁的儿子有六年未见了。”他似乎是一个很感情质的人。如今他在崇文门里怡和洋行任打字员，他说：“集中在这儿的很多妇孺，全是在苏德战争前路过这儿要送回德国而流落在此，许多人的丈夫和爸爸曾被英国人赶到孟买，现在也音讯毫无了。”

这些人贫富极不一致，但据一位警局管理员说，他们极能以富济贫，同舟共济，所以尽管经济情形悬殊，联总只供给每人不论大小每天一磅半面粉，而每人每天约二千五百元的菜金是一律的，也就是说阔人代穷人付的。不用厨子，男女一律轮流采买下厨，我看到厨房里好几个穿得花花绿绿的女人在洗涤及搬取食具，露天食堂十分干净，有自制的香肠，番薯等等，每人一菜，简单而营养丰富，每天菜单不同。他们早晚餐丰富而中餐简单，中午面包亦至多两片。四五个中国警局人员的早饭，由德国人礼貌地送来；如果吃午餐，付德人五百五一客，晚饭多自己出外吃。

我记得日侨集中时的每个主妇皆主持一个小煤火的事来，这是不是说明日耳曼民族的优点呢？他们不各自为政，他们能过平等互助的集体生活，甚至连个人添食品也限于罐头熟食，不许动用公共炉火。也许较高的文化水准与物质生活可以说明这一切。妇女间没有阶级之分，没有哪个阔太太雇用穷女人来洗涤代劳。

集中十天，他们给予中国管理人的印象是十分良好的，没有偷窃斗殴的事，病人也没有过一个，十分和蔼守秩序。秀尔指给我看，一位有中国太太的德国医生正到所中来检查卫生。这里出入自由，以号码牌出示就行，晚上八点前必须回来；但为了便于他们家族一同出游，每天准许五个家庭出去看电影，也指定了五个影院。在所内是男女分居的，那些携来的铜床木床行军床以后要交给封存机关。带不了行李点件签字，由我国当局或他们的亲友房东保存，将来再听候处理。他们每人准许携回的钱，已自一百五十元美金增至二百五十元美金。

秀尔很牢骚：“其实每个国家皆有好人坏人，我不过是一个住在爪哇的商人，战争与我没有什么关系。但是为了是一个德国人，便被荷兰人抓起来了。德国没对中国放过一枪，我看到最近北平英文时事报上说，许多中国学生还不想离开德国呢。人民之间实在没有什么仇恨，关于这些，我想写两三本书也写不完的。”

这瘦小的德国人与我道了再见，他的感触也许是世界上多半人民的感触吧?

子冈采访、报道北平日侨、德侨的生活，不是猎奇，也不是噱头，她把战争责任与民族精神、文化教养区别开来，从中看到了日本人的坚韧、刻苦，看到了德国人的理性、互助，对于正处于内战炮火中的国人，不无警醒含义。

看山西，说北平

山西经济凋敝，民生艰难，主政者阎锡山难辞其咎。除了打内战，他推行的经济政策是重要诱因，其中就包括晋人皆知的“兵农合一”。表面看，阎锡山为山西社会发展画了一张“理想蓝图”，实际上压得老百姓喘不过气来。当时民间流传的歌谣说，“兵农合一聚宝盆，村里跑得没了人”“编组抓丁真真好，地里长的全是草”“编村村长兵贩子，害得媳妇没汉子”。“兵农合一”的推行，最终导致山西农村经济衰败，许多农民弃田离家，有的人索性跑到解放区去了。

1947 年 1 月，国民党大佬孔祥熙领衔，与晋籍“国大代表”40 余人联名致电阎锡山，以“兵农合一之实施予共军以可乘之机”为由，请暂予停办。阎锡山复函称：“晋西抗战时代奠定胜利之基础，有赖兵农合一之实行，停办则不可，如有缺陷，希随时指出，当加纠正。”对于他如此顽固，大公报报道时用“阎锡山不肯舍法宝，拒绝停办兵农合一”做了标题。

阎锡山治晋推行的另一个政策叫作“平民经济”，其“效果”从前述大公报相关报道中已经看得很清楚，山西百姓深受其害。1947年1月，北大、清华、燕大等在平六大学的山西籍学生推出代表，赴北平行辕请愿，请李宗仁转呈蒋介石，要求尽快撤换阎锡山，以改革山西现况。结果当然不了了之。但这说明，阎锡山的治晋政策，确实不得人心。

军事方面，阎锡山特别热衷于在城市周边修筑碉堡。大公报记者曾经这样描述："当我们坐飞机到太原时，俯瞰晋中盆地上的太原城，万山封锁，碉堡林立，环城铁路围绕……"一位美国记者说："任何人到了太原，都会对数不清的碉堡感到吃惊，高的、低的、长的、圆的、三角形的，甚至藏在地下的，构成了不可思议的严密火网。"

内战期间，太原周围修建了数以千计的碉堡，据说，那些碉堡多是阎锡山构想出来的，式样都和他的性格一样复杂：构造从一层到多层不等；材质有砖、石、钢筋水泥；形状有人字形、十字形、圆形、三角形、六角形、宝塔形；按功能划分有杀伤碉、伏地碉、警戒碉、侧射碉、好汉碉、半径碉；有面向四周的、面向两侧的、反向射击的……这些碉堡在后来的太原战役中大多被炮火摧毁了。

1947年年末，国民党华北"剿匪"总部成立，傅作义就职总司令，山西亦划入其管辖。而此时，阎锡山在山西全境能够控制的县份，已经从1946年年初的64个缩减为28个，只占全省106个县的四分之一，而且大多集中在太原周边的晋中地区。

12月21日，北平新闻界组织记者团到山西，其间，阎锡山接受了集体采访。"系统阐释"了他的治晋政策。12月25日，记者团返平前，阎锡山发表临别谈话。大公报报道称：

阎氏说："窃以为，采取民众路线，用上民众力量，可以制共党以水覆舟之战略。但欲走民众路线，必须许人民以自清、自卫、自治上努力，又必须先有生活平等、是非平等、劳动平等、牺牲平等，以消除民众力量团结之阻梗。"阎氏再三发表其"新闻救国"之主张，主张全国记者应择一适当地点举行国事讨论会，以舆论领导国是，消弭动乱。在全国报业危机严重，舆论难谈真正自由之际，报人与报馆多已自救不暇，闻阎氏之言实若空谷足音，往访者相对而视，无人敢赞一词。

阎锡山的一番高谈阔论，看起来有些标新立异，但付诸实践，却处处碰壁，他自己最终也没有逃脱失败的命运。此为后话。

大公报记者戈衍棣回到北平后写了一篇《从太原看山西》的通讯，节录如下：

山西是华北的脊梁，谁握有山西，谁就可能控制华北。……山西部队因为地理环境及人民性格的关系是善守的，尤长于做工。太原附近工事，在目前战争中恐怕算是最坚强的。他们有大的水泥厂、炼钢厂和砖窑厂，在工事材料上也比任何地方为充足。所筑碉堡星罗棋布在太原五十里以内地区，……山西当局自豪地说："如果共军想拿去太原，除非他死的人将碉堡埋没与太原城齐。"

他们不但非常相信他们的部队与工事，更相信兵农合一与平民经济两大政策，会解决乡村土地问题与城市经济问题，使得人民拥护他们这个政权。他们在军事上无疑的是采取守势的，而在政治经济方面却采取着主动的攻势。

阎氏的主要干部梁化之说："谁能够解决了土地问题，使贫农佃农获得了土地，谁就可以得到人民的拥护。谁先解决了这个问题，谁就占上风。因为在乡间富人是少数，穷人是多数。得到穷人的拥护是有力量的。”

战时兵农合一在晋西的实施，是为了解决兵源粮源问题。胜利后在晋南晋中继续推广，用以抵抗中共计口授田的土地政策。这办法的原则，是地主对土地还保留所有权，政府对土地有支配权，农民对土地有永耕权，可以说是土地的三权分立。以自然村为单位，将上地分成“份地”，每份地足够两个劳动力耕作，以养八口之家为目的。每份地有一个适龄壮丁做主耕，其余的老弱妇孺作助耕。份地划分以后编组，六人一组，每人一小份，每组出一个常备兵，一个补充兵，其余四人对服兵役的人及其家属按规定予以优待的粮花。……在政治上也配合着这种土地制度有新的措施，就是要国民兵参政，提高直接生产而有自卫力量的农民的政治地位。村参政、县议政、省询政，是国民兵参政的三级形式，……一切由村民自做，使兵农合一“化制度为习惯，变政治为文化”及“份地永恒化”。

这个制度，战时在晋西实施时，利用着全省各地来的干部，因为他们原来与那片土地没有血缘的关系，而且在一切为了抗战的大前提下，做起来倒比较干脆。胜利后移植于晋中，执行者有的与自己的利害发生了关系，难免不阳奉阴违，复活了地主意识。山西当局最近也在城乡提倡“斗争”“转生”，窥其用意，大概在乡村中主要的为向地主意识斗争。非如此不能保证贫佃农的永久利益。……他们认识了农村土地集中与分散使用的矛盾，承认农村剥削制度的不合理。事实告诉我们：中国经过多年的变乱，财富分配已经走向两极了。中间层越来越小，大大地扩展了下层（不是财富的增多，而是人口的增多，也就是国民赤贫化的加深加剧）。所以必须向最下层看看。不过，在战乱中，一切新制度的实施是相当的困难的。

山西当局的两大政策，是以平民经济施之于城市，以兵农合一施之于农村。他们相信晋中堡垒不仅是军事力量，而且有深厚的经济与政治基础。就是华北任何地方有意外，他们那里也会是安定的。阎氏相信，三个月以后，两大政策彻底实施有效，可以向外开展，规复全省。

后来的事实证明，阎锡山的自信是虚妄的，历史的发展完全走向了他预想的反面。

同样在1947年年末，徐盈发表通讯《北平风霜》，开篇即写北平一场大火，着实讽喻了一番伪国大“选举”：

北平国大选举的前一天，主办选举的中南海延庆楼忽然着了大火，在五小时内，把一所今日的“国大代表选举事务所”，昔日的清末慈禧太后的停灵处，民国十五年大总统曹锟被幽禁的古老殿堂，烧成一副空架子，只剩了西边楼沿上的一只铁马犹作凭吊的叮当。……焚毁物中有一套敌伪时代留下而二年来不断增补的北平户籍卡片，这一百五十多万张卡片的复活，当然是不可能的事了。所幸选举事务所的文卷抢了出来，漏夜借地办公，所以没有影响二十一日的选举大典。

二十一日这天的风非常大，天相当冷。景山上拉笛，先是选举的“警报”，跟着便又是防空节的“警报”。但北平人有一股牛皮糖的劲儿，你急他不急。据说北平一百七十万人中的选民有七十万人，但这一天去投票的，却只有百分之一，于是一家报纸这样写了标题道：“轻财重义候选人热心，风峭景寥小市民好睡”。这一天是星期六，物价金价都在狂涨了三分之一，难怪现实的人民在票上写了“玉米面三千六百元”……

平市郊区一位候选人用汽车接送选民，有位老太太以为是发面。她等了半天领不到，便向那位先生行好事，代我问问面票交了好半天，为什么还不发出来？市内的一位参议员雇二十辆公共汽车，每辆每天一百五十万元，于是市内的公共汽车一律脱班。某投票所一位老职员呆坐竟日，没有投票者。于是低吟了一句李清照的名句：“冷冷清清，凄凄惨惨戚戚。”小学生满街跑，非常高兴，因为“老师投票去了，放一天假”！

徐盈在特别点明“有民主墙的北大是一个投票所”之后，向读者报告了一组选举数据：北大591个有选举资格的人中，投票的有180人，中法大学42人中投票的只有一人，朝阳大学63人中投票的有一人，艺术学校41人中投票的有一人，华北学院88人中投票的有八人，弃权的了占八成。24日的开票结果，应该有70万人参加的选举，投票者竟只有30万人。他还颇具讽刺意味地写了一句：“天津的张伯苓被竞选者控告了，但北平却没有，的确是礼仪文化之区。”

通讯引述了北大法学院院长周炳琳的一句话：“我投了胡适先生一票。……若能多选些才智之士，也比少数腐化官僚的包办为好，多数人的考虑也总比少数人独裁为好。我们只有耐心求改进。”而徐盈在通讯中仍没有忘记借开篇所写的那场大火“说事儿”，报道“24日开票时候，为了怕电线走火，怀仁堂内硬是不准开电灯，这电灯好像成了不祥之物”，无灯便是黑暗，讽喻之意尽在不言中。

徐盈继续写道：

十一月二日，孙中山先生诞辰，那是北平学生要求人权的运动以后。何市长报告开会意义后又指出：国父领导革命，目的即在于争取国家民族的自由平等，然而迄今我们仍未能获得真正的自由平等。……我认为我们对于任何事，都应有独立见解，不要为他人的意志所左右。我们要获得自由，要国家富强，我们就要精诚团结起来。对于外国人的批评，应当接受，然不应视为真理，做美国人的奴隶，和做苏联的奴隶，都不是争取国家民族自由平等的人。我们要尽力矫正此种不良风气。

在月初举行的北平竞选参议会席上，久已不曾作声的行辕李主任宗仁，缕述他的感想称：……一切力量应集中于军事，勿奢谈建设。一般人民活都活不了，每多灰心烦闷，埋怨政府。其实，中国底子不好，政治如请罗斯福，军事如请马歇尔来，也未必有办法。孔院长去后，大家希望宋院长，宋院长去后，大家希望张院长。做生意本钱若不够，换什么经理也是一样的，当家方知艰难，方知家庭中复杂微妙。盼参议员本互谅互助的精神，协助政府。又以当家人身份对中央一面不准地方加税加捐，一面又要它地方自治，自力更生，痛加呼吁，请参议员帮忙研讨。譬如屋中失火而又不准人自门中窗中跳出，只告以自力更生，实为绝大笑话。

国民党走向『下坡路』

1947年6月月底，刘伯承、邓小平率领大军突破国民党军的黄河防线，挺进中原，揭开了人民军队战略反攻的序幕。此时距国民党发动全面内战不过一年。

7月19日，国民党政府颁布《动员戡乱完成宪政实施纲要》，决定征发国统区一切人力、物力进行反共战争。内战进一步扩大，人民更加痛苦。请看山西：

7月1日，并市商业已感极端萧条，面粉、布匹已无整袋、整匹出售者。投机黄金、银元商家亏累，半月来倒闭百余家，亏款多达数亿，掌柜及伙友分别潜逃。

7月16日，晋省当局月来除努力实施平民经济安定民生外，并全力阻止共军在各地抢粮。晋南夏粮已被共军收割，逐步北移，图扩大抢粮区域。国军亦集中力量掩护农民收割。月来各地之接触，皆为抢粮所引起。

7月25日，太原房荒，官方规定收租办法，房租三成用于修建民房，三成垫付重额军粮差价。

8月11日，并市实施平民经济后，对食粮、盐、纱、布等必需品予以统制，各商号不得私行出售，购者必须持有街公所发给之配购证。

8月13日，晋省入春至今未降透雨，致全省苦旱，赤地千里，人民在烽火中流离失所，嗷嗷待哺，全省灾民达六百万。公私各方虽设法救济，无如杯水车薪。

8月下旬，作为美国总统特别代表的魏德迈，结束了他在中国一个月的“考察”，先后走访了南京、上海、台湾、北平、沈阳、抚顺、济南、青岛、汉口等地。22日，他向40多位国民党政府要员发表讲话说，国民党兵力虽占优势，但战略主动权则掌握在共产党之手。仅靠武力不能消灭共产主义，政府应痛除贪官污吏。魏德迈的结论，使期待美国调整对华政策并有利于自己的国民党大失所望。

国民党关心的是“美援”，老百姓关心的是物价。由于通货膨胀，法币难以保值，不仅商家囤积居奇，普通人家也将余钱大量购买商品，以应对飞升的物价。百姓抢购日用品，报馆囤积白报纸，医生囤积紧俏药品，各个行业的人都在想尽办法将手中的纸币换成实物。在上海，西药盘尼西林针剂已经像黄金一样，成为硬通货在市面流通。到年底，15万元法币才能兑换1美金，用两三麻袋的钞票才能换到一袋米。有些小贩索性把百元以下的小额法币当作废纸收购，每斤作价两千元，而一斤旧报纸还可以卖到六千元。

老百姓生活如此艰难，国民党政府非但不问不管，反而变本加厉。8月29日凌晨，北平警察局出动一百多人，“以闪电方式”拆除了天安门前千步廊所有的小贩摊位。大公报报道说：

千步廊摊贩昨被市当局出奇兵强迫取缔了。午夜秋风里，中华路一片哭声，令人为之恻隐。千步廊的席棚布棚都没有了，到处是破席断木，东倒西歪的桌椅，摊贩们哭丧着脸在搬东西，那种无告的神情，说话似乎都不敢大声。一个卖荞面的老头上了吊，幸被救活。他们怨艾自己命苦，怨艾折息借来的本钱只有干赔了，千步廊内外一片叹息。这一大群不幸的摊贩，罪名是“有碍市容”。

短评：天安门上蒋主席巨幅彩像庄严地挂在那里，正视着天安门外的广场。这广场在民国初年五四运动前后，曾经是召开过多少次民众大会的地方，在历史上有它的光荣。后来北洋政府不愿民众的力量汇合在这广场上，于是栽花植树，把它变为风景区。风景区不知道哪天开始，却被穷苦的摊贩占据了，成了前门外天桥，后门外什刹海一类的闹市，又成了民众广场。一夜秋风秋雨，一纸执行拆迁的命令，北平的市民叹息着自己命运，又漂流离散了。

刻意整饬市容，以肃观瞻，在原则上自无可非议。但是小民生计也当为市政当局所关怀。让这些穷苦小民能够博蝇头微利，权且填饱肚皮，想也是市当局的责任吧。这不幸的摊贩大群，站立秋风中，生计艰窘可念。负责当局能不能特加体恤，更为他们另辟一条活路呢？

再节录几段大公报记者子冈记录北平贫民生活的报道如下：

新涨风要求人们有一个坚强的心脏。炮声与物价的翻腾皆似地震，简直不是一个心神脆弱的人所能领受得了的，大约上上下下普遍一齐在伤脑筋，就连傅作义总司令也不例外。日前他与儿女共餐，也慨叹："物价如此涨法，打下去又有什么意思呢？"今天的困难真不是徒恃穿一身棉布军服可以解除的了。傅将军儿女六七个，今天这物价也够他受的了——如果不是国库供给。

四十斤小袋面涨到一百三十万元，大米两万五六一斤，做窝头的棒子面一万一斤。……北大男生吃大米的饭团，每月要一百二十万了，窝头还得八十万，女生饭量小，吃一顿小米粥，一顿米饭，一顿丝糕，也得九十万。师范学院饭厅门框上的春联是"葱韭芥蒜除旧岁，油盐酱醋迎新年"，横额是"净吃甭拿"，怕的是同学连吃带捎。

穷又穷到什么程度呢？这儿有两则小新闻：看守所的被告瘦死所中，连棺木衣服也没有一件就埋入义地。棺材买不起，穿了衣服埋，会被贼在当夜剥去，反而尸首喂了狗。行总留给各救济团体的面粉，他们连发面的碱也买不起，只好蒸实面馒头吃。以后再领什么洋救济品，应该连蒸锅、燃料、发酵粉一齐要求。……人们没有了希望，活着是多么悲惨的事呢！

朝阳门外有一个卖血的秘密组织，主持人是六十九岁的计福山，他给北平各大医院卖血很多年了，因为他的血型是O型，所以可以给许多人用，后来弄得供不应求。所以由他介绍，东郊许多贫民都参加卖血。他的伙计中，还有一位女大学生呢。她是为了家里经济断绝，卖几个学费而已。

这老伙计其实面黄肌瘦，正在煮白面条吃，赶忙说明："您看我吃白面可别奇怪，猪不吃豆饼长不胖，人不吃好点也生不了血啊。北平血价赶不上物价，今年夏天二十万元一百CC（毫升），如今物价翻了几个身，一百 CC 血有的医院给三十万，有的给四十万，北大附属医院只给二十万。我给介绍的卖血人有时给我三万两万，他们知道我又老又苦，这买卖也做不了多久了。”他嘱咐人：“说我老伙计就行了，别提卖血的事儿，人家听了讨厌。我们这一行若不为了吃饭，龟孙子才干呢！”

这年头是逼着人民见阎王去就是了。沈阳有个车夫包了饺子毒死全家的新闻，北平则多是上吊新闻，而且那么多叫煤毒熏死的人是不是存心自杀也是问题。三轮车份儿半天涨到两万五了，碰到四五千元一趟的买卖，车夫会告诉你：“半斤棒子面，您呐！”不胜哀求的意思。城门洞里住着晚上才敢出来拉车的老头，因为他的裤子破得没有裤裆了。末了，告诉您一声，自有新闻记者去访问了卖血领袖计福山后，许多大中学生及公务员找上门去，请他介绍卖血，北平的人血也供过于求了。

镜头拉回到山西（请读者注意物价变化）：

9 月 15 日，晋省实施平民经济以来，对商家限制颇严，致商业已入极不景气之状态，市面停滞，各种物价连日上涨。中秋节临近，月饼每斤抽奢侈费五千元，酿酒者每家月交奢侈费八百万元，售馒头、面饼者每斤抽奢侈费一千七百元。

10 月 22 日，社评：今天全国除了极少数在政治上经济上有特殊地位的人，彻上彻下差不多都到了油尽灯干之时。天，你听得见人民的声音吗？你看得见人民的苦脸吗？人民都要被拖死了。谁体上天好生之德，请高抬贵手，救救人民吧！

10月24日，大同工矿百孔千疮，口泉煤产量减少九成。新购发电机姗姗来迟，工厂瘫痪，街头电杆仍点油灯。并市食盐实行配售制，大口每月八两，小口减半。

10月25日，山西交通长期阻塞，物资来源断绝，以致商号倒闭及亏累者甚多，商人咸叹战乱不已无法营生。物价一涨再涨，粮价随之扶摇直上，今日之并人十九已与白面无缘。机粉（白面）早已绝迹，黑市索价每袋六十万元。官方配售食粮每人每月可低价购白面两日或四日所需，余以玉米面、高粱面充饥。

11月9日，阳泉陷落后，并市及附近各县燃煤几完全仰给并市东西两山所产。煤炭已涨至二百元一斤，布两万元一尺，虽已立冬，机关及商民燃火暖室者寥若晨星，咸抱缓一日省一日费用之心态。

11月10日，并市物价连日又续上扬，小麦每市石破一百五十万元，自磨白面每市斤一万两千元，小米每市石亦达十七万元。老白汾酒每斤售价达八万元。

11月19日，太原面粉成珍品，每袋黑市价格迫近百万大关。

12月2日，国立山西大学全体教职员以物价高涨，生活困难，一日起全体请假，要求政府配发实物或补差价。除派代表晋谒阎主席陈明不得已之苦衷外，并电政院、教部，希速作有效之解决。该校已停课。据教职员方面息：不达目的，将永远请假。

12月16日，并市物价涨势极猛，机粉每袋一百六十七万元，玉米面每斤两万元，高粱面每斤一万六千元，小米每石近四十万元，棉花每斤十五万元，普通布每匹近五百万元。并人在此物价高压之下呻吟挣扎，咸叹生不逢时。

12月24日，并人在烽火遍地，物价高压情形下，咸以愁苦烦闷之心情迎接冬至。往年冬至节家人围炉共餐，必佐以酒肉，今年冬至节家有五口者，吃一餐水饺需费四五十万元之巨，故大多仍以玉米和高粱面充饥。玉米和高粱面黑市每斤近两万元。烧饼大如茶碗，每个四五千元不等。

经济如此凋敝，政治迫害加剧。10月27日，国民党政府下令解散中国民主同盟，停止政治活动。此举激起知识界一片呛声。11月3日，北平各大学著名教授周炳琳、金岳霖、朱光潜、朱自清、郑天挺、俞平伯、许德珩、王铁崖、楼邦彦、杨人楩、雷洁琼、钱伟长、翁独健、冯至、游国恩、李广田等联名发表《我们对于政府压迫民盟的看法》：

政府突然宣布民主同盟为非法团体，负责当局甚至谓将适用“处置后方共党临时办法”加以处理。在民主时代的今天，尤其在政府宣称积极行宪的前夕，这不能不说是一件出人意外的事。我们站在自由国民的立场，诚有不能已于言者。

政府此举旨在消灭民盟，且不论其直接效果如何，实对民主宪政的前途留下极恶劣的影响。盖容忍反对的意见，尊重异己的政党，实为民主政治的基本要素。今政府压迫民盟之举，实难免于“顺我者生逆我者死”之诟病。充此而言，势必至于惟依附政府之政党始能活动，惟顺从当局之人士始得自由。一不合作，遂谓之“叛”；稍有批评，遂谓之“乱”，又且从而“戡”之。试问人民的权利何在？人民的自由何在？我们即使不为民盟不平，也不能不为国家前途、为人民安全感到深切的忧虑。政府如简捷了当，明白宣告不复实行民主宪政，我们即无一句话可说。政府既尚宣称维护民权，保障自由，则我们还愿意郑重进其忠言。对于一个持异见的在野政团横施压迫，强加摧残，这是不民主不合理，而且不智的举动。……为民主宪政前途计，为人民基本权利保障计，我们愿以自由国民的立场，向政府郑正陈言：（一）对于宣布民主同盟为非法团体一事应当重作决定；（二）纵民盟竟被解散，其善后各事之处理必须秉公平合理之准则，不得稍有亵渎人权之举；（三）恢弘气度，克己容人，才是贤明执政的作风。政府于此尚须多加留意。义之所在，不容缄默，愿与全国人士共勉之。

在军事方面，9月14日，东北民主联军发动秋季攻势，历时50多天的战役结束之后，将国民党军压缩到长春、吉林、四平、沈阳、锦州等34座大小城市及附近地区；11月，晋察冀野战军攻占石家庄，开创解放军夺取大城市的先例，并使晋察冀根据地和晋冀鲁豫根据地连成一片；年底，刘伯承、邓小平率领的晋冀鲁豫野战军，陈毅、粟裕率领的华东野战军，陈赓、谢富治率领的部队，经过一个月战斗，粉碎了国民党军对大别山的进攻。至此，国民党在黄河以北全面转入防御，战争的主动权完全转到人民解放军手中。

12月19日，上海迎来入冬后的第一场小雪。据报纸报道，仅这一天，就有30多名难民倒毙街头。由于内战持续扩大，大批苏皖难民涌进上海、南京等大城市。国民党政府既无力将他们送回家乡，也不准他们进入市区，只能将他们安置在郊外简陋的临时难民营里。

回顾1947年年初时，蒋介石还踌躇满志，认为只需要三个月到半年的时间，就可以消灭共产党。9月，国民党召开四中全会，蒋介石改口说，“目前本党所遭遇之危机，至为重大。党内同志工作效率欠佳，有待改进。本人领导国民党二十余年，至今未见成绩，深感愧对总理及革命先烈，今后吾人应检讨过去，并深切反省。本党最大之敌人为共产党，吾人不应过分低估共党之力量，必须知己知彼，方能百战百胜”。到了年底，却只有“一惟听天命而已”了。

1947 年，注定成为动荡的中国发生历史转折的一年。

第四章　国运决战（1948）

1948年是国共决战之年。这一年，解放军已从战争初期的120万人发展到249万人，而国民党军则由430万人下降到365万人，尽管在人数上仍有优势，但由于一败再败，军心涣散，士气低落，在所向披靡的解放军面前只能望风而逃。加之国统区经济萎靡，物价飞涨，民怨沸腾，国民党的统治摇摇欲坠。

1948年5月1日，中共中央发布纪念“五一”劳动节口号，号召“各民主党派，各人民团体及社会贤达，迅速召开政治协商会议，讨论并实现召集人民代表大会，成立民主联合政府。”5日，中国国民党革命委员会、中国民主同盟等8个民主党派和其他无党派民主人士联合通电表示拥护中共中央号召。这一年的大公报的言论立场，也发生了微妙的变化。

历史迈步前行，到1948年年末，辽沈战役结束，东北全境解放；淮海战役、平津战役相继打响，决战胜负显现，新中国的曙光已经清晰地展现在国人面前。

大公报元旦『声明』

1948年元旦，大公报罕见地在要闻版显著位置刊登了总经理胡政之以个人名义发表的《两点声明》，要点是：

大公报原是书生论政的组织，……有一重要特质，就是立论是不私不盲，发言是团体负责，我们的社评是由社评委员会开会共同讨论意见，根据结果，指定一人执笔。过去我和张季鸾先生及另外一二同人分担撰述的时候，社外许多朋友欢喜知道某篇文章是出谁人手笔，季鸾总向人解释，大公报的社评是不署名的，反正都是大公报说的话，你们不必管它是出于何人之手。……近年我们的团体大了，执笔的人也较前加多，所以我们的言论都是共同的意见，整体的负责。……这一点，社外人不甚明了，免不了陷于一般事业之重视个人，而忽略了团体性之重要，论功责过，都免不了有违反事实苛责个人之处。

胡政之的这个声明，是针对国民党《中央日报》日前点名指骂大公报及其总编辑王芸生而发的。

事情缘起于1947年12月29日，大公报针对国民党政府教育部为防止学生运动特别修改、发布的《学生自治会规则》，发表了李纯青执笔的社评《何必防闲学生活动》，提出批评：

教育部目注心营于统制防闲一套做法，其结果将根本失掉学生自治的本意。……统观这套规则，全文精神所注，显然以防闲今天的学生活动为中心意旨。由这里似乎不难测知当局干涉学生活动乃至统制全盘教育的风向气候了。……若果拿出雷霆万钧的压力，且果真生效，则所有学校都将弄得如死水，人人都若将就木，这以教育观点言，实在也是大可忧虑的一端。……今日学生基于所目击身受，多半坠入烦闷困恼的深渊，故关心时局，不满环境，进而过问政治，抗议现实，或由于感情的激动，出于耸听的姿态，平心而论，实皆有其必然性。且放眼全国，尤不可忽视此种动向的全面性。

大公报这篇批评矛头直指政府的社评见报，颇令国民党当局难堪、恼火，并且认定其作者是王芸生。次日，即由《中央日报》发表社评《爱护学校，爱护自己》予以“回击”：“最近少数职业学生，以组织的技术，迅速挟制一部分同学，掀动学潮，倡议罢课。上海大公报竟著文响应，谓教育当局此举乃‘防闲学生活动’，此种言论与行动，淆乱是非，颠倒黑白，危害青年，破坏学术之研究。……大公报王芸生之流，其主义为民族失败主义，其方略为国家分裂主义。主义与方略具备，现在又有行动了。他的行动就是以所谓‘劝募寒衣运动’为烟幕，这一行动之后而起的掀动学潮。学生讲民主，不能自外于法律。学生不能享有特权，学校并非租界。……大公报不是租界，王芸生之流何能自外于法律？爱国人士岂能坐视彼随意发表谰言，助长动乱，危害国家？”

国民党前所未有地点名攻击大公报和它的总编辑，甚至把大公报为无辜难民征募寒衣的慈善义举，也视为“助长动乱，危害国家”，作为大公报总负责人，胡政之不能不出面公开表态，声明大公报的言论“由报社整体负责”，以期平息事态。这件事被称为“国民党一查王芸生”。

《中央日报》公开指骂大公报，也表明大公报在国共之争问题上的所谓“中间道路”走不通了。1948 年 1 月 5 日，大公报召开社评会议，决定打出“自由主义”旗帜，为自己“定位”，并推定萧乾执笔，起草一篇自由主义宣言式的社评。这篇题为《自由主义者的信念》的社评于 1 月 8 日发表，文章说：

自由主义者不是看风使舵的舵手，不是冷门下注的赌客。自由主义是一种理想，一种抱负，信奉此理想抱负的，坐在沙发上与挺立在断头台上，信念得一般坚定。自由主义不是迎合时势的一个口号，它代表的是一种根本的人生态度。……所谓“中间路线”绝对不是两边倒，而是左右的长处兼收并蓄，左右的弊病都想除掉。

2 月 6 日，大公报沪版社评《政党、和平、填土工作》，再论“自由主义者的时代使命”：

大公报不属于任何党派，它的地位是独立的，却不是一般所谓“中立”。大公报有自由主义的传统作风，大公报同人信奉自由主义。

我们无大野心，却有极大热诚，愿为国家建设做些填土的工作。

大公报打出“自由主义”的旗帜，意在压力之间取得某种“平衡”，为自己争取较大的舆论空间。然而，在中国历史转折之时，阵线是分明的，没有第三条道路可走。中共领导的香港左翼文化界率先对大公报的言论发起了批评。胡绳撰文《为谁“填土”？为谁工作？》，指“大公报近一月来先后发表过两篇社论，提出什么自由主义者的信念，又论什么‘自由主义者的时代使命’，虽装出是超然独立的姿态，但其实际企图仍走在损害新势力和新中国在人民中的信心，而给旧中国统治者寻觅苟存的罅隙”。

其他进步知识分子对于大公报的“骑墙”态度也表示了不满和批评。早在1947年5月，南京学生大规模抗议国民党政府游行，遭到军警镇压，大公报慑于国民党“戡乱”压力，轻描淡写为“一不幸事件”，并且发表社评指学生行动“太天真幼稚”，甚至是“小孩玩火”。储安平随即在《观察》评论中写道：“我读大公报前后几十年，实在从来没有看到大公报有过这样违反民心的评论。”1948年3月，上海《时与文》杂志发表《近年来的大公报》一文指出：“一个真正的自由主义者的起码条件，当是明辨是非。可惜得很，大公报在这方面是非常欠缺的，……甲方这样这样不对，乙方那样那样不该，支吾一通，结果不知所云。……‘命固不可不革，但亦不可太革’之类。不辨是非，不愿辨，不肯辨，不敢辨，这样的自由主义者，真令人怀疑。”

事实上，随着内战中的节节败退，国民党对人民的言论自由钳制得更厉害了，大公报“自由主义”虚幻的梦想很快就化为了泡影。

1948年7月8日，国民党政府以南京《新民报》“屡次刊登为匪宣传文字，散布谣言，煽惑人心，近更变本加厉，谎报事实，污蔑国军，妨害戡乱军事，违反出版法之规定”为由，勒令其永久停刊。10日，大公报发表王芸生所写社评《由〈新民报〉停刊谈出版法》，王芸生的这篇社评再次引发《中央日报》对他的点名“回骂”。

7月16日，《中央日报》发表题为《在野党的特权》社论说：“新华社咒骂我政府为袁世凯政府，所以王芸生君在社评中指现行出版法为袁政府时代的产物，以影射我政府为袁政府……王芸生君是新华社广播的应声虫。”

18日的大公报，王芸生以个人署名，著文回应《中央日报》的“叫骂”：“大公报向有一种气度，就是挨骂不还嘴，我个人也从不与人打笔墨官司。中央日报的社论，极险辣地罗织了大公报，并扯出我个人的名字，实在不能不辩几句了。……大公报社评是代表报社的，不是代表个人的。中央日报社论与大公报社评讨论问题，却以我个人为对象，全文中十二次提到‘王芸生君’如何如何，把报社与个人相混，是可以不必的……”

19日，中央日报再发社论，题为《王芸生之第三查》，声称“我们大可发起三查运动来检讨王芸生君。我们的第一查，查出自1946年7月至1947年3月，王芸生君致力于国际干涉运动，为莫斯科会议做准备……我们的第二查，查出自1947年3月以后到今日，王芸生君以大公报贡献于反美扶日运动……今天我们等待着第三查……等待着王芸生君谴责南斯拉夫共产党特别是狄托元帅的论文和通讯在大公报发表，作为他效忠共产国际的证明。”

《中央日报》的这“第三查”是经不起推敲的。许多读者都知道，它要等待大公报发表关于南斯拉夫问题的文章，事实上大公报在6月30日就已经发表了王芸生写的题为《狄托之变》的社评，而那篇社评中王芸生并没有谴责南斯拉夫和铁托，只判断此事“包含着一个深刻的世界思想和国家思想的冲突”。

《中央日报》“三查王芸生”，无非是国民党对大公报欲加之罪罢了。这倒从一个侧面印证着一种说法——主持国民党宣传工作的陈布雷认为，大公报的言论在王芸生的主持下，一变张季鸾时期的“公允”态度，言论偏激，对政府的批评恶意多于善意，并曾对王芸生提出警告。陈布雷对陶希圣说：“王芸生不是评论政治，他要指挥政府，甚至于指挥最高统帅。”如此，国民党最终与大公报“翻脸”，大公报最终转变立场，公开反蒋，也就“顺理成章”了。

各地新闻『万花筒』

同样是在1月1日，蒋介石发表元旦文告，承认“在一年之间，屡受损失，将士牺牲，至为惨重……工商界对经济国策不能诚心拥护，甚至阳奉阴违，唯利是图”，新的一年要“以昨死今生之决心，实行剿匪建国总动员”，要求民众“拥护戡乱国策，加强自卫武力，巩固社会秩序，维护经济安全……”

对蒋介石明显“打脸”的是，新年伊始，国民党内出现了公开的反对派，李济深等成立中国国民党革命委员会，决议反对蒋介石领导的国民党，联合各“民主分子及团体”，商洽组织联合政府。接着就是在美国的冯玉祥抗拒国民政府要他回国的命令，并且宣布其“效忠于一切计划推翻蒋主席的势力”。

高层分裂，底层更加混乱，子冈发自北平的报道称：

新年过去九天了，记者还没有听见谁道过一声新禧。近几天距北平二十二公里的门头沟炮声隆隆，平津车一误点便是一小时又四十分，新年除了给人普遍地带来新涨风外，便是要求人们有一个坚强心脏的警号，这炮声与物价的翻腾皆似地震，简直不是一个心神脆弱的人所能领受的了。……燕大教职员待遇合理调整后，其他各院校已几近束手待毙。清华全体研究生三十余人在八日做了一天史无前例的罢课，争取合理待遇，维护学术研究。上月国立中山、中大、北大、武大、浙大、复旦及清华七校研究生曾发表了一个争取学术独立的意见书，并要求改善待遇，建立良好的研究制度。这里只抄下罢课宣言里的开头几句就够了："在漫天烽火、遍地灾黎的时候，侈谈学术的研究，原是一种时代的讽刺。"在政府兢兢于战事进行的时候，欲求当局能注意到研究生生活的改善，更是一种妄想……这作为"沉痛的抗议"的一天罢课有没有回响，要看政府的态度了。半年以前，周炳琳先生即呼吁"毋忘养士"，今天这声音显得更凄厉了。

北平如此，各地传出的信息也几乎没有什么好事，各种问题叠加，如同"万花筒"，令人烦恼不堪。请看 1948 年年初大公报部分报道摘要：

1 月 2 日，愁眉苦脸度新年，太原预感春节更难，切盼降雪尤望大局好转。年景萧条中，北平厂甸勉强开业，摊贩皆一面吆喝，一面慨叹"王小二过年，一年不如一年"。厂甸是太平年月的玩意儿，今日似已成为强弩之末，只能维持半开门的状态了。

1 月 4 日，北方经济危机严重，行辕紧急会商救济，开辟粮源并贷助增产。

1 月 5 日，沈阳外围已无大接触，但市内物价正与人民作战。以法币计算，高粱米四万五千元一斤，大米七万元，兵船面粉二百六十万元一袋，阳光布每尺二百四十万元。

1月7日，战乱中的东北工矿，去年煤减产两成；鞍钢停产，万余员工生活亟待接济。雪飘风冷煤缺电断，东北大学不胜寒。

1月10日，国务会议通过本年上半年总预算，收入五十八万亿元，支出九十六万亿元，赤字三十八万亿元，遭立法院质询。

1月16日，阜新煤矿生产完全停顿，五万员工及眷属生活堪虞。本溪抢修电信员工，登杆挂线跌伤者甚多，皆因腹内空空，手足无力。

1月20日，入冬以来，平津京沪煤荒严重，抚顺大同煤矿亦闹煤荒。

1月26日，难民冻饿而死司空见惯，日前又有“难官”为生活而自杀。沈阳铁路局工程师项某，在高粱米四万元一斤的压力下，一家八口生活难以为继，留下向友人借米的条子自缢而死。死后无钱埋葬，全局员工凑钱对付入殓。现该局员工改食豆饼或日用一餐。

1月27日，烽火连天过年难，太原一片萧条声。商家苦赔累，不少将关门；地方公务员收入低，每天为吃喝奔忙。

1月29日，上海同济大学千余学生准备到南京请愿，遭到警察阻止，彼此发生冲突，双方都有受伤，市长吴国桢被学生打了两棍，眼镜打破，烟斗折断，礼帽失落。事态持续十九小时才告解决。

1月30日，东北生活大不易，沈阳街头到处是倒闭的商店，关门的饭馆更多，为胜利后罕见。高粱米五万元一斤，猪肉十三万元，鸡蛋二万元一个。

1月30日，山西各部队整编在即，役龄壮丁意图逃避兵役，纷纷设法补入机关工厂。军管区司令部通令，各机关工厂一律不得补用役龄壮丁。夫役缺额，应优先补用逾龄及不及龄者或妇女。

2月1日，政府预防纸荒，报纸减缩篇幅，京沪报纸至多出三大张，各地以两大张为最高额。

2月2日，蒋主席为厉行节约，特颁发手令，分令中央各机关国府各局处今后接待一般宾客和召集会议，不可使用茶点，以资节约。

说到节约，有个“插曲”。就在蒋介石下达“节约”手令的前两天——1月31日——上海多次发生舞女、舞厅职员冲砸社会局事件，起因就是“节约”。

1947年9月，国民政府颁布法令，在全国禁绝营业性舞厅，“为戡乱建国而节约”。上海登记在册的营业性舞厅有29家，从业舞女、乐师及侍者等不下两万人。禁舞令一出，舞业人员多次组织集会抗争，打出标语“逼良为娼，谁的罪过！”“跳舞不成跳火坑！”上海社会局采取分批淘汰的抽签制度，1月31日，以百乐门为首的14家大舞厅率先被抽中停业。得知这个消息，面临生计问题的舞女、舞厅职员迅速涌向社会局抗议，并与前来弹压的警察发生混战，“几千名示威者把社会局闹了个天翻地覆。玻璃四处乱飞，家具被扔出窗外”。随后，刑警和装甲车赶到，当场逮捕四百多人。舞女冲击社会局以后，社会舆论普遍同情舞女。几个月后，涉案人员大多被保释，禁舞令不了了之。

2月3日，大公报报道，上海申新第九纱厂发生工人抗暴工潮，提出预支薪金、改善待遇等条件，资方不接受，双方谈判破裂。

2月6日，春节将至，太原商家在拆息高压、开支浩繁、存货滞销下咸感疲倦，多数已注定歇业的命运。家庭或个人除集中财力领回配售食粮外，对市上应节各物多半望洋兴叹。

2月7日，时局动荡，东北工矿基础垮塌；烽火连绵，吉林百姓面临饥荒。长春全市商店三分之一歇业。春节来临，农民杀驴过关。物价跳高，燃料比“八一五”光复时上涨三万四千倍，远在食品的一万五千倍之上。

2月7日，大同难民粥厂开锅，城内就食者每日不下五百多人，城外难民增加不少，手续不完者不准入城。

2月14日，太原物价再涨，面粉每袋二百万元。

2月17日，上海除化学品外，其余各种商品均上涨。

2月18日，山西孝义过城门要买路条，每张收费二千元，贫穷人家没钱多无法出入。辽宁锦州除夕关城门、查户口，初一黎明四郊枪炮声吓人，初二每户一夫修整城防。

2月20日，京沪平津穗五大都市实施粮食配售，市民每月配售食米一斗。

2月21日，战时沈阳难民三十万，粮荒严重，天未黑路上已无人。

2月24日，抚顺煤矿病入膏肓，钱粮电力器材样样缺。

2月25日，东北工矿穷途末路，煤电机车三厂勉强支持。

2月25日，灯节之夕谈电灯，举国各地都不亮。黑暗是全面的，没有哪个地方特别“偏枯”。

2月26日，锦州为修筑城防工事，伐光城郊大小树木。市参议会为开辟兵源，决议凡流亡在锦州的适龄壮丁必须应征。

2月27日，东北三大需要，兵粮钱都少不得。

3月3日，山西粮荒严重与日俱增，并市目前尚可以高粱面、玉米面度日，附近各县已深感粮食罗掘困难。春日方长，果腹物将来自何处，毫无所知。

3月6日，北方铁路浩劫，损失钢轨三百三十六公里，各线所存抢修材料将尽。为保证关内外交通联系，准由关外拨钢轨一百公里交华北各路备用，北宁路锦榆段之双轨改为单轨。

3月8日，北平市府为调查职员思想、身世，普发调查表，填写包括籍贯、住址、专长、兴趣、最崇拜何人、对现状有何不满等。各局职员观感不同，胆小者狐疑满腹，以为将做裁员之根据；胆大者牢骚满纸。

3月10日，太原粮荒严重，玉米面每斤达五万元，当局拟配食野菜树叶。

3月11日，晋中苦矣，人民已吃野菜树皮。倘无大量食粮予以救济，恐将演成人间地狱。

3月13日，太原物价连日暴涨，食粮市场紊乱，高粱面、玉米面一市斤有索价七万元者，机面每袋四百四十万元，各种蔬菜均随粮价上涨。

3月14日，沈阳工业城成了难民城，摊贩乞丐多，买主施主少；物价骇人，鸡蛋卖三万元一个。到平东北学生日多，无校收容流浪各处。

3月20日，东北高教凄凉景象：东大师生无心上课，沈医学院校务紊乱，长春师院没有校舍，省立师专穷窘，私立两校停办。

3月23日，东北物价逼人，盗案、自杀案丛生。太原粮价一日三涨，高粱米每斤十一万元，中等小米十三万元，自磨白面十四万元，豆面十三万五千元，机面每袋已逾七百万元，其他各物一致随之上扬，人心浮动。

3月29日，国民党一手包办的“行宪国大”开幕，大公报虽“以国事为重”，大量报道“国大”消息，但仍继续为国民党“报忧”：

3月31日，沪版社评：抗战胜利之初，国府下令减免田赋一年，同时二五减租，这道命令执行的结果，利于地主阶级的免赋不折不扣地做到了，利于勤苦佃农的减租差不多根本未做……一个政府若是到了只能执行利于少数富人之政，而不能执行利于多数穷人之政，甚至好官办不通好政，且不免穷愁而死，岂不是很危险了吗？国民政府执政二十年，大量推行了不平之政……今天的问题已不单纯是战场上决胜负的问题，根本的症结在于如何得其平的问题。

4月2日，太原居不易，五口之家食用及不可避免之开支每月约需三千万元。

4月2日，东北教育末路，沈阳中大学生三百人饿倒床上。

4月4日，清华教职等电南京呼吁：“此间物价飞涨，同人待遇微薄，不能维持最低限度之生活，无法继续工作。情势迫切，祈即自本月起按照北平之实际生活指数，按月调整待遇，并予继续每月配给面粉两袋，以济燃眉，而安众心。否则随时发生严重后果。谨电恳请，务祈垂察，不胜迫切待命之至。”

4月6日，北大职员多半没有宿舍，工警每月薪额只有一百至一百五十万，他们说：“我们每月不足维持十天的生活，我们要活下去。”

4月8日，沪市府接内政部令，取消国讯周刊登记证并勒令停刊。原因据说是该刊近来所刊文字多对政府不利，并为共方宣传。同时，世界知识和时与文两周刊，当局认为前者经常攻击友邦美国，挑拨国际感情；后者对政府肆意攻击，故都予以警告，不得再有违法言论。

4月12日，成都专科以上学校学生九日赴省府请愿，要求发给平价米，演出流血惨案。

4月14日，热河饿殍填沟壑饥民外奔，观音土果腹，野狗噬小孩尸，壮者多离乡，村姑悬梁自尽，热河五县饥民非赈不活者有二十万。百姓说地方大小衙门都是要钱要粮的，不管救济，由他们挣扎在死亡线上，跪望中央快救命。

4月18日，现东北国军控制区仅四十八乡镇，壮年多远方避难，荒芜满地，无人春耕，秋收粮荒更为严重。当局为解救目前粮荒，提倡半豆（大豆）半粮之混合食法。十八万法币一斤之高粱米，沈市一百七十万人口有力购买者约占半数。

4月18日，山西民食成问题，当局最近“发明”一种“度荒面”向市民配售。此种面以玉米二斤、高粱三斤、糠皮五斤合磨制成，售价每斤五万元。

4月19日，北平全面配粉开始前夕，平市物价呈一体上扬之势，稳定多日之粮价亦随之暴涨，此对政府之计口授粮工作是一绝大讽刺。

4月19日，北平国剧界诉苦，十七日夜间群乐、三庆又相继被砸。群乐当晚为谭富英、梁小鸾之红鬃烈马，忽来伤兵百余人，占座不让，买票者纷纷退票，引起争执，伤兵遂愤打票房，秩序大乱，只得中途回戏。伤兵继又赴三庆，如法炮制，亦告回戏。戏园方面只有自认损失。为息事宁人计，未敢追究。

4月23日，本报沪版举行时事座谈会，到会者指出：目前出版界的危难一时难望改善。出版界的兴衰，常随时势为转移，每当社会濒于停顿，出版界必随之萎缩。目下出版界最大障碍，莫过于言论出版没有自由，依法登记的书刊，随时会遇到当局的没收处分，以至苏州的书店为了避免意外损失，只能卖线装书。

4月23日，自东北各工矿业机构撤退入关后，工业人才突呈过剩现象，因之本年度各大学工学院毕业生出路顿生问题。北大工院一九四八班求职函已发出一百一十余件，复函者只十一处，多为“为定额限制，歉难借重”。

4月30日，雁北战事发生后，大同煤矿电厂器材损失甚重，水泥、钢铁及人力均被军事征用。全城军民不分男女老幼都参加城防工事。大同物价奇昂，面粉每斤十四万元，莜麦粉每斤八万元。阳高、天镇及丰镇等地小贩多背负粮食及食盐到城关求售，但不能进城。

国民党也想用某些“好消息”影响舆论，但到了大公报记者笔下，却往往“变了味道”。

1948年3月10日，华北“剿总”新闻处组织记者团到平东香河县去采访，据说是那里打了胜仗。大公报记者张高峰参加了这次采访。

到了香河，军方介绍作战经过张高峰却想了解老百姓又倒了什么霉。于是巡视街头，找老乡了解情况，回来发消息细数“香河惨象”：

北平中外记者二十余人由华北剿总阎副处长陪同，于十日晨乘汽车赴香河战地参观。指挥此次作战之某师长报告战斗经过……香河县城人口仅九千余人，其中两千人系外乡来此避难者。踌躇街头者均系妇孺，绝少见壮年。记者自西门巡视至东门，未能发现一家商店，仅有零星花生烟摊，描述战乱之荒凉景况。全县二十二乡镇，截至十日经国军占领者六，每月税收不及八千万元，不足县府开支。

食粮同样恐慌，自卫队每日需小米两千斤，购存不易，故该队兵士几每日下乡征粮，甚少训练机会，而省粮亦不容缓缴。日前结束之香河东部战役，阵亡国军待购棺掩埋者五十人，每口木棺两千万元，五十口即十亿元。此不足五万人口之香河，全县含泪负担战乱之重债。该县长谓：人民生活之苦，史无前例。

这条让老百姓凑钱为战死的国民党军官兵买棺材的新闻见报后，华北“剿总”很不满意，并传话给张高峰。张高峰自忖表达自己立场、观点的目的已实现，没有理睬。“剿总”方面也无可奈何。

《桃花扇》里看北平

1948年年初前后，清初戏曲家孔尚任的传奇剧《桃花扇》忽然在北平流行起来了。先是欧阳予倩改编、焦菊隐导演的新平剧《桃花扇》在北平艺术馆演出，后又改在东城上演，同时改变了分幕办法。紧跟着，齐如山任理事长的国剧学会也请出几位老伶工来演齐氏改编的《桃花扇》，而演出的名义是平津两市府、中央及河北文化运动委员会、国立编译馆、教育部社教司、河北省政府教育厅等七机关“委托试演修订剧本”。这其中有何奥妙？大公报记者子冈采访后写成通讯《桃花扇里看北平》，分析了旧剧新编且出现两个版本的“内情”：

……二三十万元一张戏票在北平是很奢华的了，去品评试演的都是知名之士，非“长”即“理”，连方卸任的孙连仲将军也穿了大棉袍与夫人并坐聆听，仔细对着唱词，意态闲适。当讽刺贪官污吏时竟笑声哄堂，大约人人在想“骂的不是我”吧。

《桃花扇》是清代剧作家孔尚任所著、表现亡国之痛的历史传奇剧，李香君和侯朝宗是剧中的男女主人公。作者借李侯二人的离合之情，写南明王朝的兴亡之感，表现了丰富复杂的社会历史内容，结局更是不落窠臼，打破了大团圆的传统模式，意境深远，独树一帜，剧本的思想性远超以往的才子佳人、儿女风情戏。

1948 年，欧阳予倩改编的新平剧《桃花扇》借古喻今，流露了强烈的民族意识和爱国主义思想，突出了正义与邪恶的斗争，爱国与卖国的思想分野。例如抨击贪官污吏，李香君的唱段："最可叹奸佞人，朝纲执掌，连累了，百姓们，受尽祸殃。他那里，选蛾眉，金樽酬唱，曾不想，外来的，兵逼长江。奸贼们一个个，良心俱丧，逞私欲，忘公义，坏了心肠……"

记者写新闻报道，当然不是简单地介绍剧情、剧本，子冈写剧中妓女郑妥娘的形象、南明权奸们的嘴脸，笔触就伸向了社会现实：

清兵南渡之后，群奸纷纷逃避，杨龙友饥极晕厥，郑妥娘救他，给他烧饼。听说他要投奔清朝，又送他川资去找史可法（参加抗清）。以妓女的侠义与奸官之没落对比，郑妥娘洞烛贪官心理，刻薄相讥，以致在上演后有某方写信给焦菊隐，认为不该让一个妓女来讥笑官儿。此剧中之福王似一小丑，也有人写信说，皇帝为一国之尊，不应如此糟蹋。焦氏说，想不到在行宪后的今天，还有保皇党。

……群奸在崇祯自缢煤山后，一面祭奠一面拥福王为君，企图把持晋升，同时又怕外面听不见他们的哭声诧异，于是马士英、阮大铖、田仰、杨龙友辈就"待我们哭起来，哭起来，哭起来"了。写官僚内心，淋漓尽致。

齐如山改编的《桃花扇》，因为是官方“委托试演”，不取整本，甚至侯朝宗根本未露面，却把杨龙友写成一个有良知的保护李香君的风流县令。子冈写道：

为了符合“七机关”的委托，齐编剧本中还一再借侯喜瑞扮演的昆生师傅的口中，将古说今地来了一套道白，说我们国运不佳，说我们北方邻舍不讲信义，撕毁条约，勾结土匪，要价天天变，今天要俩，明天要仨。我们还有什么办法呢？侯喜瑞背诵下去说：“我们要齐心拥护我们的国家，国家！"

齐编的《桃花扇》着重在李香君不惧豪强，面抑权奸……“朝廷中，比昔日，尤其黑暗，谁把那，小百姓，放在心间。你忧煎，不过是，愁金钱难敛，锦山河，定丧在，你这权奸……”扮李香君的是杨荣环而不是王瑶卿，那一晚老伶工尚和玉、马德成、侯永奎、侯喜瑞、张洪祥、贯大元全出台，红透一时。马德成以七十高龄演石秀，“石三郎进门来英儿骂打，直骂得小豪杰脸上发烧。”小豪杰都没门牙了，唱来犹声震屋瓦。王瑶卿却没法再以皮皱肤松扮香君了，这大约是旦角的悲哀吧？

以“使国剧增加教育意义”为号召的国剧学会，捧老伶工们出台不失为智举，而他们所增的那点“教育意义”意在言外，间或也作接收房子车子的自我讽刺。

子冈对两个剧本的不同描述，显然是有倾向的，更由此把话题引到现实中：

这时候的北平接连着是军长自杀、师长阵亡、团长受伤的消息，北平人众口一声地叹说："死得冤！"傅作义总司令没有心情看《桃花扇》。日前有人在史家胡同（史可法的祠堂在内）他的私邸会到他，说是"眼睛赤红，头发凌乱，衣服不整"，那好心人说："看起来可怜得很。"鲁英磨军长、李铭鼎师长俱是傅氏手下名将，又怎能不使他"出师未捷身先死，长使英雄泪满襟"呢。

鲁英磨、李铭鼎不仅是傅作义的部下，而且分别有同窗、同乡之谊，更是他起家的第三十五军继任"当家人"。1948 年 1 月，在河北涞水与解放军交战中，师长李铭鼎阵亡，军长鲁英磨自杀，曾经为抗战做出过贡献的两位爱将竟死于内战，傅作义怎能不痛定思痛，又怎么可能有心情去看戏？

子冈笔锋一转，再次指向社会问题：

……战争逼着人失去了理性，本月二日，北平富商封翕如的七岁、九岁二子竟被姨兄用铁链打死在郊外破屋中。表兄弟中并无仇隙，凶手王福刚不过为了失业二月（袜厂停工）穷极无聊，本欲绑表弟们诈财，后来弄得骑虎难下，又无处藏孩子，便把小肉票狠心地撕了。真是撕了，死后怕认出来，他把两孩面皮都撕了。这惨剧连侦缉队队长李连福都说是社会问题。这种萁豆相煎的惨剧不比《桃花扇》里的血迹更残酷吗？人们已经给和平跪下了！

1948 年是农历戊子年，正月初一在 2 月 10 日。子冈去"看戏"，徐盈却跑到寺庙去看民情。回来写了一篇通讯《故都春梦》：

中国历书上说，旧历正月初一这一天，假如是阴天，便是一年的好预兆；假定那天下雪，便主气候干燥。可惜这一天是晴天，太阳特别好。去年东北和华中都有极坏的天气，而北平的气候却始终良好，竟使桃花都要发花了。

故都的老百姓，在这春光明媚中，都在做着吉利与发财的美梦——为什么人民宁愿把希望寄托于渺茫的天国，而不寄托在大地上呢？

始建于宋代末年的东岳庙，是北平的著名大庙、古庙之一。每年的农历正月初一，香客满坑满谷，大家去烧香的目的，无非是希图拜拜神灵，换得一年的吉利。《东岳庙诗》曰："七十二司信有无，朝阳门外万人趋。也知善恶终须报，不怕官刑愧鬼诛。"徐盈说："看了后一句，不外乎是神道设教的意思，今日的贤达及治人者，善承古意，这一点衣钵倒是遗传下来了。"

东岳大帝高居正殿主位，而香火最盛的却是两旁的财神与子孙娘娘，人们烧香的重心所在七十二司，也是一般人怕"鬼诛"的对象。速报司、督察司、正直司、恶报司、毒药司、较量司……每司前各有香炉一只，两边都刻着诗，解说各司的执掌与犯人应受的惩罚，如较量司两旁联句道："公平交易如山稳，狡猾从来无下场"；毒药司两旁联句道："性毒洋烟成弱骨，味甘美酒实伤身"……各司的面相因所司性质的不同而有差异，有的慈善，有的凶恶，有的双目圆睁，有的闭目微笑。"虽然是泥的雕塑，但很能显出威风，美术家自然也可在其中看出艺术的价值。"徐盈写道：

东岳庙之外还有一个护国庙，上面写着“十殿阎王所司职官”，后面排列着各种地狱模型，泥胎因年久变色了。这是明朝的建筑。用意在劝人为善，而上刀山、拔舌、下油锅，都有一种恐怖感！配合着殿内的阴森，不由得使人毛骨悚然。尤其是投生轮回殿中，一个老妇人身旁摆着一锅迷魂汤，老妇拿着勺子要舀汤，十分逼真。虽说向鬼判们花点香钱，一般还是喜欢花到那财色的所在，当地狱巡礼时，虽然也有不少信士，但比起财神与子孙娘娘，却差得远。七十二司中的“多福”“多寿”司也比“较量”“毒药”等司多得一些香火。

中国人是多神的，东岳庙内除了前面提出的以外，还有阎王、瘟神、马王、三皇、九娘娘、鲁班、菩萨、月下老人，面面俱到，花一点小钱换得一年的幸福岂不是好事。难怪男男女女都把这件事当作一年之初的第一件大事了。

同子冈一样，徐盈写香客拜庙，也非闲来之笔，目的还是要指向现实。他在文中明确提问：“为什么只让人民把希望寄托在虚无缥缈的天国，而不使他们寄托希望于大地上呢？这就牵涉到政治问题了。”接下来，他的描述无不与现实联系：

头一天向东岳庙地狱的鬼判送纸钱的人，第二天早晨又陆续向五显财神庙的五位古铜色的镖客祈福了。广安门外，从晨六时开城起，便在那日本人修的走向卢沟桥的水泥坦途上，踏起了滚滚黄尘，演奏出一幕三十七年（1948 年）恶性通货膨胀第三期经济现况下的乞财喜剧。

只有在神的仲裁下，城市与乡村融合了，治人者与被治者之间显出了毫无隔膜的笑颜，过去走向妙峰山的虔诚男女们是如此，前天走向东岳庙向鬼判送小费的人们是如此，昨天向财神祈福的人们也是如此。人类更大同的目标不外乎是幸福、康乐、和平。能决定这一切的主流，就是要有一安定的经济环境，让各种不同形式的幼苗，依其天赋的权力萌发。神，是代表了这种种希望的偶像。

人的流，车的流，和不同等级希望的洪流，明天都集中在财神庙。十几万商号，百多万市民，有钱者想更增加，没钱者盼能获得。按照旧例是在子夜中摸索走向那个目的地，分别得到自己的一份金黄元宝和幸福的花朵。但今年是在天文数字的恶性通货膨胀下，是在“戡乱即是建国，剿匪即是救民”的春光下，天明不准开城，摸索者必要在黎明下开始等候于那块“有求必验”大金匾下。那供香火人说：“当然不如往年了，去年还是从夜里十一点起，今年就从六点钟来开始了。希望十六日那天要比今天更好一些。”

在徐盈的笔下，财神庙前成了纸钞市场，摊贩面前堆积着各种不同的“元宝”。大的金纸元宝、卧鱼元宝、花盆元宝都是万元一个，小元宝虽然细得如珠圈，也要一千一个。象征“富贵有余”的纸鱼，用日本纸印的要一千，而中国纸剪的却要三千。偶有还价者，会引得小贩发火道：“你知道鲜鱼十几万一条吗？！”更有“时尚”贩子，在泥做的吉普车上也载着元宝，“看起来像是钞票不值钱的讽刺”。

存自行车的地方可以议价，存一次要五千到一万元不等。成群结队的和尚、道士、尼姑在车丛中追逐香客，对只给一千元的施主表示不满。奇特的是，庙外的高土坡上，竟有基督教会的传教士在布道，他们对着牵“福”拾“宝”围观的人群喊道：“把有用的钱，做无用的事，中国永远强不了的。我们不要做这种消耗，我们要做正当的生产……”徐盈写道：

春苗还没有在乡村出现，工厂的烟突都不冒烟，四周围有疏疏落落的花炮声，象征着不安定的外围，还有无用的事情在进行。即在财神庙内，警察们也亮出了刺刀，不同的只是含着笑。满院的跪拜者在小坝似的香灰炉周围祈福，但那和平的磬声，却使人起一种宁静出尘之感。

老主持穿着新道袍在数钞票。他说，这五显财神是得自明代的曹、刘、张、葛、李五位老哥们，好像黄天霸似的，原来都是从关东内外运珠宝洋货的镖客……目前后殿又添了南无阿弥陀佛、药王、子孙娘娘和文昌。老道发愿，十年内把庙要全见新，只是希望钞票不这么毛，真有街上卖的这些元宝够多好？

庙前另一最拥挤的地方是求签处，也是希望寄托处，只要献几文香钱，不必跪拜，就可以认领。一位雄赳赳者自以为必得“上上”，结果却得了“下下”，他大不高兴，立刻把灵签退回，并且要收回香钱。守签者果然笑脸奉还，并且春风满面地说道：“顾主总是对的。”我也为国运求了一签，签文曰：“且向春耕学种田，生成粒实总由天，果然雨顺风调日，谁羡王公值万钱。”又解曰：“施之必报，有求必应，秋冬吉利，春夏平平。”看样子在恶性经济膨胀中，也许是暗示我们自力更生，到后半年才有结果罢。

寂寞的北平，春节的鞭炮算是解禁六天了。这几天砰砰乱响，好像在演习笼城的节奏……为了出一口“伪民”的闷气而大放了一气鞭炮。好时候，北平的鞭炮作坊有三十几家，琉璃厂的九降斋、崇文门外的顺成、西直门外的仁利，都是出名的老字号，如今却已一落千丈了。九降斋掌柜张步云说：“官家认为我们这行生意对治安不利。我们熬一年，还不就是为遇大年吗？向行辕请愿，才算请准了六天，回想起去年来……”军调部在的那一年，洋人和中国人一天就卖了百万法币。今年呢？“今年又只好等美国人了。听说美商要大量收买中国爆竹，还有联勤总部和空军。我们就等着赚这笔外汇了。”

旧历腊月十七，是平西门头沟的窑神节，往年这一天热闹非凡，要买个几千万的爆竹来放。可是今年，却以“治安不宁”，一文钱也没有买。“如果美国不救济，一定会失传的。可是，我们的特种工业又为了什么一定要靠外国人来救济呢？我们可以赚外汇了！”他们都这么说，但是赚得到与否，还是一个谜。掌柜们到东岳庙和财神庙都烧了高香，希望这个发财的梦能够实现。

徐盈写1948年的《故都春梦》，写的是民生之梦，但是，梦想与现实相去甚远，没有现实的根本改变，梦想也只能是个梦而已。

文人论政·沈从文

战乱不已，社会动荡，知识分子忧国忧民，总不免要发声。发声需要“阵地”，各种报刊、论坛应运而生。1948年春，北平文坛一时出现“繁荣”景象。大公报记者徐盈报道：

北平真不愧为文化故都，目前国内最大的期刊虽然不全在北方出版，但很多写稿人却集中北平；政治中心虽然南移，但论政的中心仍在北平。从长城到长江烽火一片，只有北平城一方面弦歌不绝，一方面是仍能领导着层出不穷的运动。

前年秋高气爽中，国军克复张家口以后，和谈逆转，在一片杀声里“民主”与“解放”都关门大吉，一时章法大乱，出版界的混乱也不亚于战场。枪杆子正红，笔杆子无光。去年的新春，那种青黄不接的时候，当真有过一段真空。

到了莺飞草长的四月中，首先出现了自由主义的《知识与生活》（半月刊），发刊辞中说，“邀了几位素负盛名的教授学者，请他们和我们合作”。杨人楩教授采用《论知识与生活》一文，纪念提倡四大自由的罗斯福总统。高呼《知识是力量》编者又认为“将近十年的全面战争造成了中国目前可怕的文化贫乏”“这原因即在于知识与生活的脱节”，于是决定在推动“一般生活与知识一致并进上”努力。这期刊竟能到现在出满了一卷，在挣扎中随时显出疲惫的姿态。

去年的“五四”过得非常火炽，千千万万的人在追念德先生赛先生。换言之，就是在“要民主要科学”。胡适先生在思想界的大分裂中，虽然没有恢复他们的《独立评论》，却在朋友的合作下产生了《独立时论》，这是一个供给专栏稿件的组织，一篇文章只供给每个城市中的一家报纸或期刊，但作者花了一篇文章的气力却可以得到五篇或更多的稿费。出版家可以自由选择他希望的作家的稿件，而作家却不必担心各地的转辗抄袭，因是一举数得的事，于是这个组织成功了并且有了影响。

《独立时论》初创时，规定每个作家的每篇文章可送稿费30万元，随着供稿的扩大和影响，增加到180万元，最高可到250万元。如果是受读者欢迎的作者，他的一篇文章可以在同一天、在几十个地方的报刊上发表，并且还准备翻译后向国外发稿。这种供稿方式对于地方报刊而言，的确是一种便利，作者自然也可以增加收入。当然，稿费的提高还有通货膨胀的因素。说起来动辄百万的收入很高，但实际上购买力有限。1948年6月，在上海吃一块大饼就要三万元！

徐盈写道：

这时候北平起起灭灭出现了不少短命的小刊物，这里自然是指有政治性的而言，至于上海化的豆腐干，和介绍明星戏人起居住的杂文不拟加以论列。其中最有刺激性的是几本文丛，如《社会贤达考》《沧州行》，到今天还认为是禁书的作者，也不乏专家与学者。假如也用罗斯福的说法，在两大势力之下，那也许是中间偏左一点的成绩。

随着三十七（1948 年）年的来临，悄悄产生了《周论》，印刷之精撰述之专，一时无二，这又是论政的大型周刊之一。据说主编人是清华教授雷海宗，稿费也是第一流的价格。赵凤喈教授在第四期发表了《忏悔录》，更是一篇力作。这文中他坦然而言知识分子对于选举的冷淡，震惊一时。每周的特写中，对"共匪"称共军，也是戡乱时期的稀见的表现。

司徒大使所说中国自由主义的消极，由于赵凤喈教授一文中指出"北平市大学及独立学院教员人数，共有一千八百名以上，而投票者只有三百余人，清华有三百八十二名以上教员，投票者只有百把人，知识分子何以对选举冷淡如此"？

资源委员会前领导人钱昌照在二月中旬到北平，从事于中国社会经济研究会的组织。这一块有相当重量的石头又激起了不少的波纹与水花。在美国的钱端升，在日本的吴觉农，在北平的刘大中、吴景超、周炳琳、杨振声、孙越崎都是发起人，钱昌照与资委会的关系太深，虽然他一再否认，多少人都认为这是代表资源委员会研究中国出路的机构。

三月一日中国社会经济研究会正式成立了，北平教授们到了有四十余位。钱昌照致开会辞：

"提到'研究'两个字，特别在民不聊生的今日，有些人不免把我们看作什么迂腐。另一方面，对于社会团体向来抱怀疑态度的人，或许有猜测我们于'研究'之外，说不定别有用心。在今日情形下，怀疑猜测乃是极自然的心理现象。我们认为研究如果离开现实，当然容易趋于迂腐，但是处理现实而没有研究基础，一样也是盲人瞎马。中国距离现代化的阶段还很远很远。若干现代化的先决问题还得彻底研讨。谁能准确地说出中国多少人口，多少土地，多少储藏，多少森林，谁会精细地计算过中国国民所得，然而这些事实都是有朝一日建设真正开始时所必须知道的基本资料。此类研究工作迟早必做，而且是早应该做的。

“至于集合志同道合的朋友们对中国各种大问题加以分析，在黑暗中为民族摸索一条可能达到光明的途径，乃是我们分内之事。若谓借此参加政治或组织政治集团，则我们并无此心。凡是有功人类的革命应该像一树花，思想基础好比枝叶，人民幸福的增进是果子。中国过去革命之失败，失败于思想基础不够深厚，建立思想基础乃是本会成立的唯一动机。而本会的工作亦将留在研究阶段。我们研究尽量客观，我们研究的方式绝对公开……我们真想寻一条新路，这新路，既不拘于国内已经有人走过的途径，也绝不随着国际局势的演变而轻易转移。我们必须集中力量并与外界合作，根据全民需要，试画一幅建设新中国的蓝图。”

钱昌照所说的“蓝图”，实际上已经有了初稿，即《中国社会经济研究会的初步主张》，共三十二条，囊括了政治、外交、经济、社会等诸方面问题，核心要点包括采取国家计划的经济政策，防止独占性企业，限制私人土地，推进现代化与工业化；保证公平分配，教育机会均等，注重劳工福利和社会保险等，类似当时部分中国知识分子独立提出的“建国”草案，发表于由“中国社会经济研究会”主办、1948年5月15日在北平创刊的《新路》周刊第一期，并且申明这“三十二条”的暂时性、权宜性，发行刊物的目的，就是容纳不同的“探索的方法、角度”，“可以和我们三十二条的初步主张抵触，我们自己中间也一样的可以彼此质难，互相辩驳”。

《新路》集合了当时一批自由主义知识分子，与政界、实业界也有颇深的关联，在当时历史发展只有一条路的时候，试图走“第三条道路”，因而注定没有前途。关于中国社会经济研究会及其所办《新路》周刊的评价，不在此论。值得记述的是，《新路》出版7个月后，终因不断激烈地抨击蒋介石和国民党政府，于1948年年底被勒令停刊。1949年后，钱昌照曾任全国政协副主席、民革中央副主席。

与密切关注时政、乐于发声且比较激进的知识分子不同，当时已经蜚声文坛的沈从文，大部分时间仍在书斋里做他的学问。由于徐盈、子冈夫妇早年都喜爱并曾从事文学创作，30年代就与沈从文先生通信，是“未曾谋面的朋友”。抗战胜利后不久，沈从文就回到北平。徐盈夫妇很快登门拜访。请看子冈笔下生动、细腻的沈从文：

……北平各大学的复员带来了各色各样的学者教授文人，以及活跃的知识青年，北平的文化气息必然浓厚，色调也必然繁复丰富，这才是文化的温床，清一色会令人窒息死亡。

沈先生正伏在方桌上整理旧稿，跳起来向徐盈和我说：“你们是……”

报了名字，于是像旧师生般地握手大叫起来。

“我正写了封信要寄给你！”他递给一封信给我说：“十年不摸电话，不知怎样拨它。也已点了十年清油灯了。”

客人占据了他仅有的两把椅子，主人便只好坐在覆了白被单，有一条绿毛毯的板床上。有点意外，这么玲珑瘦小的一个人写了八十多本书；并不意外，文格与人的形象甚至内心是统一的，他全无半点湖南人的豪迈，却有点叫我怀疑《浮生六记》中的主人翁就该是这个样子。怪的是反而他的夫人张兆和是苏州人，白皙柔弱，鬓发匀淡淡的，两片白镜片后是一双和易近人的眼睛。

好像他永远不会发怒似的。他自己也说，他一生最怕听打杀之类的事，这表现到行为上便是牢守一个读书人最基本的本分，只在用脑子用笔，想留下这一时代的乡村纪录，小儿女的恩怨，以及青年们情绪的转变。"我没有像振铎和一多那样做，我想，"他手指着前额画了很多圈圈，"便是因为我能承受生活上的一切压力，反抗性不大，这或许是弱点。"

他完全不以报纸上说丁玲批评他与人民脱节为伤害他，"她一向那样说的。抗战初期，曹禺、巴金都曾有可能被约往延安去，可是不知为什么，都没去成。我自己是一个没受过教育的人，所以书也教不好；不习惯受管束，也不会管束别人。还是让我和青年在一起，看了他们如何转变。"

他同意丁玲他们在向人民学习，为人民服务，以及在做干部教育等工作的说法。对于题材直接汲取于农工且就正于农工的创作方法，他也不表示反对，但似乎他还是看重作家的作品，或者更在为写作生命的有限担心，因为他说："我也许还能写十年，别人写百万字的时间，我只能写十万字。我曾经和巴金同住过，他写《火》，我写《边城》，他一天写七千字，我一周才写三千字。"

沈从文谈到了他的写作计划。他打算写湖南十城记，如同已经写过的《边城》《芸庐纪事》《小寨》；将来有机会打算去旅行，写些游记。所以他对新闻记者的采访技巧很有兴趣，一再向徐盈、子冈"请教”。他要写昆明的《八骏图续篇》，并且高兴地说，要写剧本，而且一定在《大公报》发表。

沈从文掉牙了，他说是因为“吃得太坏”，于是谈到抗战八年在昆明西南联大的日子。有人说沈从文在联大自己担水，有人说梅贻琦补袜子，夫人蒸蛋糕出售帮家用……他说，都是真的。梅先生的住房是马厩改的；沈夫人在昆明一周要教 18 个小时的课，还要照顾两个孩子。沈先生自已也曾教难童学校的孩子们，他说，有的孩子学习很好，“比联大考生卷子还好呢，真是国家对不起他们。”他谈起巴金曾经是唯一能依赖版税生活的作家，可是书商用 300 万元印了他的书，在上海只批出 300 本！至于他的版税收入，子冈写道：

版税呢？读者们会惊讶的。可是他不会愤怒，却显然是会伤心的，“今年‘开明’结算稿费，我拿到三百六十元，因为是按照伪币折合的。算起来要自己一本书十八年的版税才能买一本书，这是书店的制度。”他又讲起部定的那本国定教本《逻辑学》，作者的数年版税只九元七角五分。为此他慨叹：“文化文化，原来我们就活到这么一种现实文化空气中。奇异的是活在这种文化空气中，居然还有人写作……工作的庄严感终未失去……原因是这种人明白现实尽管如何要不得，他的对面还有读者。”“这些我也不在乎，只要我的书出在那儿有读者看就行了。”

我发现这位作家不只用笔娴熟，且也用语娴熟，他有他的文学形象用语。例如，他说某某人婚姻多变，“情绪生活”一定很苦；例如，他对记者说俟国家安定，应该放下记者生活写点久远性的文艺东西，因为“生命不该这样用法的”；例如，他感觉九年不见的北平老了，洋车夫的头发也似乎白了，怕北平是否会“发生头脑作用”；

例如，他管官场人物叫“拿皮包的人”，又例如，某某人性格是“抒情”的……

由《忆北平》也可以看出他对时局的焦愁，他几次地追问时局的症结，坦白地说：“你们告诉我，批评我，免得我发了傻气说了糊涂话。”他不断地提到他的“小朋友”们，那些环绕着他的青年人。他最推崇的新作家是汪曾祺，在本报“文艺”及上海的大型刊物《文艺复兴》，均有其作品。

子冈这里所说的《忆北平》，是1946年8月沈先生从昆明回到阔别九年的北平后写的一篇文章，发表在大公报上。其中写道：“打了八年的仗，把这个国家民族的弱点和长处全打出来了。弱点是什么，大家都明明白白，自不用提。至于长处呢？也许就是‘忍受’。不问在朝在野，在后方在前线，在办公室在学校，在一切工作事业上，大家共通长处就是忍受，而忍受那个负有历史积习的弱点所作成的种种痛苦和不公正。倒下的即不声不响倒下，从此得到了休息；活着的总还以为从忍受中能得救。但每个人神经张力终有限度，到大多数人由战争遭遇挫折忍受到战争胜利以后，实在忍受不下去时，自会要挣扎，有所表示，寻求转机。这也就是社会上许多人数十年沉默，当前却来大声疾呼国家需要如彼如此的原因。也就是有些人俨若特别苛刻，想把当前一切问题重新检讨的由来。”

可见，沈从文不是不关心政治和时局，只是不那么外露和张扬罢了。1948年，局势变化加剧。徐盈每次到访，沈先生都会问时局动向和徐盈的分析。他还说，很喜欢读大公报记者吕德润、张高峰的东北通讯，认为那是历史的真实记录。对于未来时局的变化，他希望听取徐盈的看法，相信记者的观察。

不过，子冈写沈从文，最后的落笔文字却是这样的：

如果你在北平的庙会或小胡同发现一位提了网线袋，穿着一件灰色或是淡褐色毛质长衫，身材矮小瘦弱，一脸书卷气，眯着眼睛在书摊子上找旧书或是在找门牌号数，说一口湖南北平云南杂糅的普通话的人，那便是沈从文。你可以告诉他，他该去理发店理发啦。

『总统选举』之外

举国战乱，遍地烽烟，国民党不顾民意，于 1948 年 3 月 29 日至 5 月 1 日在南京召开了“行宪国大”，中心议题是选举“总统”和“副总统”。

大会开幕当天，大公报发表社评，先泼了一盆冷水：“办选举，开国大，意义本该是极其重大的……但因为国内正兵荒马乱，经济动荡，国家既未曾和平统一，人民生活更是不安，都使这大会大大减色。”接下来，大公报有关“国大”的报道果然令其“大大减色”：

★三日晨各单位分别推举主席团候选人，各代表大活跃，递名片讲交情的比比皆是。有代表在推举候选人时戴着帽子，有人说：“这是不愿意挂冠的表示。”

★投票选举时先拿到选票的先圈，投票之后，有的忙着走了，不走的也不归座，秩序显然有点乱，谁也未料到乱得选票无效。

★湖南代表找不到贺衷寒的名字，欲圈而不能，大为生气，跑到主席台前大喊："怎么搞的？"还有代表没拿到选票，也吵嚷起来，主席台上应付为难，莫德惠主席遂宣布选票无效。预料今天会场平静无波，不料风波比头几天还大。

★发言限五分钟，过了限就按铃，主席很客气地请代表们不要说题外的话。

★白发苍苍的袁希洛大声疾呼："这两年的日子不好过，再这样下去人民活不了。"这位七十三岁的老人说得痛哭流涕，结果被会场干事扶下台来。

★某代表说："我们愿多讨论戡乱建国的问题，到最后一天再选举总统、副总统，那么竞选的人，可以请我们吃到底。"

★嘘声又起，谷正纲请大家尊重反对者的意见。

★讨论议事规则"纪律"一章时，黄连仙质问主席如何惩戒，是打手心，还是打屁股。

★下午大会依照新编座次就座，代表发言报号时，有的喊报到号码，有的喊新座次号码，查对人名颇为不易。

★一位主张表决审查报告的代表，对持反对意见的代表大喊："不准说话，滚下去。"一时许多记者去看那位代表的名字，他用手遮住红条子说："这个不能看的。"说完，就从椅子背上爬到前一排去了。

★王培基代表说："宪法修改案须经大会五分之一的人提议，但签名的是否完全出自本意还不能说，免不了有大代表吃小代表的嫌疑。"一部代表大怒，冲上发言台问："谁是大代表？谁是小代表？"台下也在互骂，几乎打起来。

★刘宜廷说："不要把国民大会变成党民大会。"

★林紫贵为维持代表发言权，在主席台上发言时气得浑身发抖。散会的时候，谷正纲从人堆里挤出来笑着说：“民主政治就是这样的，大家闹闹，等闹到最后，得出一个结论，那就是最好的东西。”

★一位代表对四周的记者说：“我要求了一天半想说几句话，主席总是不理，今天我只好不承认这个草案，我是一个小代表，我抗不过他们。”

★天气躁暖，午会会场里常见“我倦欲眠”之人，休息十分钟后，右前方空了一大片。……讨论一半，已到六点，张钫希望延长二十分钟，而代表们不通融，一哄而散。

会上吵吵嚷嚷，会下活动频频。4 月 4 日，在国民党中执委临时全会上，蒋介石突然请辞总统候选人，实际上是嫌依据“宪法”实行的内阁制限制了总统权力。4 月 5 日，国民党中常会通过张群提出的“赋予总统以紧急处置权”的建议。有了这样的安排，蒋介石才表示接受全会决定，参加竞选。

4 月 12 日，大公报发表社评，标题语出惊人——《假若修改宪法，首先应该删去“国民大会”一章》，社评说：

……这个两千多人的大会真是热闹非凡。会场里面吵吵嚷嚷，连嘘带骂；会场外边抬棺拼命，绝食抗争，新闻繁多。会开了十多天，选举主席团闹了七天，抽定席次也要一天，现在才通过了会议日程表，还不知何日得了。……第一次国民大会，实际只有选举总统副总统一项事情。每个代表只需在选举票上画两个圈，真是一举手之劳，最多一小时可了，而要开二十几天的会，自然就要在选主席、抽席次、订议事规则等之上来打发时间了。……代表们甚感职权范围狭了……其表现的情绪是不甘于其所有的职权，而要多问些事，多管些事。国家情况如此，一般政治如此，谁不心焦？

会议进入军事检讨阶段后，由于形势严峻，会上竟掀起了一次发言高潮。大公报报道的标题为《代表争相质询，人人痛切陈辞，悲愤激昂；北方国代高呼赶快挽救，明是非信赏罚收拾人心》，把诸多代表要求追究责任的发言原原本本地报告给了读者：

山东代表：目前军事为什么会严重到这一步，是由于参谋总长陈诚的三大政策：一、肃清游击。现在共党在东北的六十万军队，就有这批被肃清出去的。二、整编军队。把一军编成一师，一师编成一旅，有的不知编到哪里去了。三、调整人事。把张三的军队交给李四带，李四的军队又交给赵五带，这样的调整人事，究竟有用么？军事当局要明赏罚，才能收拾人心。白部长报告对如何挽救东北华北一字未提，我们不能满意，没有华北与东北，中国还有么？

安东代表：东北今天没有一完整县份，陈诚走了，政府为什么不办？现在东北共党为什么茁长得这样快，原因有：一、接收东北时并非原样接收，而先把它划得四分五裂；二、有许多伪满军队素质不错，一个也没有收编，结果便宜了共产党；三、东北人建议组织地方部队，可是中央不相信老百姓。希望蒋主席挥泪斩马谡，确保辽宁。还要请国防部查一下现在东北吃粮的部队究竟有多少。据知有七十万，但是打仗的却只有三十万。

辽北代表：有人说中央在东北下的是一招死棋，东北军纪也坏。政府只要处事公平，老百姓不会反对的；门户之见、派系之争必须消灭。

山西代表：今日军事上的失败是由于我们的军事、政治、经济各方面都有毛病，以后的办法还应着重于组织民众武力。

白崇禧做报告时，有东北代表站起来喊道："我们不要听军队的伙食怎样，我们要听各战场打得怎样了。"报告刚完，山东代表起来大吼："胜利之后不收编山东的伪军，把三十万的游击部队逼上梁山，应请政府杀陈诚以谢国人。"

辽宁代表：为什么今天陈诚不来报告？东北情形中央是否知道？负责的长官赏了几个？罚了几个？

河南代表：我们从郑、汴飞来开会，现在心里真着急，恐怕飞不回河南了。我们的人力供应都比敌人强，为什么就不能打胜仗？

陕西代表：陕西情势非常危急，陕西不守，整个西北都完了。中央计划退守长江区域，这个政策必须改变。过去中央消灭地方武力，现在想组织地方武力已组织不起来了。

察哈尔代表：张家口四面楚歌，危急万状。傅作义是华北唯一军事负责人，但中央只给他有限的军队，却要他负无限的责任。察哈尔人口二百十六万人，在国军控制下的只百万人左右，三十六年度（1947年）所出的壮丁十五万人，以后恐将无丁可征。察哈尔已到民穷财尽的境地，希望政府与各代表拿出具体办法来，不要使老百姓失望，不要使我们回去不好交代。

江苏代表：苏北情形的严重不亚于东北，中央答应地方武力的枪弹，口惠而实不至。

湖北代表：湖北的情形也非常紧急，而造成这个局面的军事当局应该负责。

东北代表：国军撤退一声不响，很多公教人员不及逃避。又说：关内关外不可偏废，但东北情形重于华北，地方武力重于国家武力，战术重于战略；军事要配合政治，希望政府对于人民的意见不要听过就算了，老百姓的眼睛是雪亮的。

安东代表：熊式辉主张以外交方式接收，党团主张强制接收，但熊主任立刻令党团停止活动。东北有五十万地下军，要求收编，为国效劳，中央点编了三个月，结果把几个领袖关了起来，东北军事当局不要东北人，但八路军要。陈诚到东北唯一的重要措施是解散东北地方团队。

河北代表：河北接收时有六十县，现在还有三十六县，完整的只有一个县了。白部长的总体战不应专注重华中，而应华北与东北并重。大家都责陈诚，但没有人说到熊式辉，东北军事失败的负责者是熊式辉，陈诚是果，熊式辉是因。

山东代表：目前军事上的失败原因是：一、官无实权。例如山东主席王耀武连用一个县长之权都没有。二、风纪太坏。现在人人说士兵生活苦，试问哪些带兵的将官是和士兵共甘苦的？三、配合不够。例如教育无方，到处闹学潮；工厂中不谋改进福利，以致工人易为共党利用。四、赏罚不明。

热河代表：现在的热河是东北与北平两个行辕分别管辖，可是有事的时候它俩都不管，到了要粮要马时两面又都要管了。

山西代表：临汾现在是晋南唯一据点，已经被围了三十六天了，守军苦战，我们要求中央迅派飞机到临汾，轰炸敌人，运送粮弹。

吵归吵，闹归闹，“国大”按程序进行，4月19日，选举蒋介石为“总统”。24日，选举李宗仁为“副总统”，大公报继续刊载大会“花絮”：

★李宗仁仍然站在大门口和代表们握手。他的助选团还帮着把许多代表引到他的面前，握手打招呼。今天投票的速度很快，足见民主是需要学习。

★陆惠民和潘邛春两位女代表在投票时，忽然扭将起来，原来选举主席团时，潘曾看陆投谁一票，今天陆要看潘投谁一票，潘不肯，于是就吵起来了。

★投票时，有好几位代表要求主席台上的长官退席，他们说："写票是不可以看的。"洪兰友照办，复向代表们报告："现在写票处并无闲杂人了。"

★今天听唱票的代表比二十三日少得多，因为饿怕了。

此外，当时还有报纸记载，"国大"会后，从会场拾到的东西如下：小手帕二十八条，口红三支，眼镜两幅，呢帽五顶，自来水笔两支，旧手册六十本，会议记录千余份，各色名片一万五千多张，而且居然还有棺材一具！

这棺材的来历是，天津商人赵遂初依靠当地三青团四处拉票，"当选国大代表"，不料却被国民党做手脚取消了代表资格，赵不仅备受打击，而且"竞选"开销血本无归，于是打着"护宪"旗号，自称"民主烈士"，抬着棺材到南京国民大会演了一场"以死抗争"的闹剧。

大公报预言蒋介石要"戡乱到底"是应验了的，但"行宪国大"闭幕后一年，国民党政权就垮台了。

1949年，国民党败退台湾，既无代表性，又无合法性的"国民大会"依然作为国民党的"民意机关"而存在。不过，蒋介石为了所谓"法统"，即其"对外代表中国政府"的合法性，坚持不肯改选

"国大代表"。直到1990年，台湾当局以"礼遇"请这些"国大代表"休致（退休），任期长达50年，已经老态龙钟的"国代"们，才结束了他们被讥讽为"万年国代"的"历史使命"。

『北方偏枯』的恶果

“行宪国大”刚刚闭幕，蒋“总统”尚未就职，大公报有关各地经济恶化的消息便不断见诸报端。这些新闻大致可分为两类，一是关于“北方偏枯[①]”，一是物价飞涨，二者又是紧密联系的。先看第一类：

5月6日，华北治安欠稳，各地资金多逃往华南，工厂亦因原料缺乏，运输困难，及当局之摧残管制，纷纷南迁，甚至逃往香港，皆因中央过去对北方工业之歧视，一切设施偏枯退缩，致陷于困窘万状，如不即谋挽救，听其南流，则不仅华北工业将陷于无法挽救，即全国经济亦不堪此大量失血之资金外溢。

5月26日，河北人民当前两大痛苦：一是军队副食费及马料差价，一是工事修筑。记者近日旅行冀东访问民隐，老百姓都为这两椿事诉苦，且河北许多县份一概如此。副食费马料等，官价不及市

① 偏枯，指偏于一方，照顾不均，失去平衡。

价十分之一，差额由人民负担。工事天天在修补，简直永无了期。冀临参会为此屡向中央呼吁，迄无一种解决办法。

6 月 1 日，北方殷实富户纷纷南迁，北方工业资本亦在南迁中，除天津仁立公司一部资本决移至香港外，东亚毛织公司亦在香港成立分厂。

6 月 5 日，北方偏枯又一明证，美国救济面粉的售款，在北方已售三月，应得专款至少在五万亿元以上，请求书纷纷上递，但到现在却一个都没有核准。而京沪一带在配售之前，就有请求的若干单位能在三月以前预支。为什么那里如此迅速，而北方就这么迟缓呢？法币在一个月内几度贬值，其中要有多少差别？最近救济款单位的清单已到平，没有一个是在北方的，这不是偏枯又是什么？

6 月 22 日，平津区路局饱受当局之偏枯，今年三月平绥路抢修时，祈请拨之赶工费二千亿元，至最近始行核准，但又为交通部扣去代购枕木费一千六百亿元，所余之四百亿元尚未汇来，但自三月以来，破坏未已，平津路局以全路旧有材料支付已渐告罄，致平绥路候料未能修筑，拆东补西，势必至于全停而后止。

7 月 22 日，烽火中的工业陷绝境，捐税重重下在慢性销蚀。据关系方面谈称：通货膨胀下，工业情形不分公立私立，一言难尽，一切数字都是假的，到最后除了同归于尽外，别无良方。数字天天在变，都是靠不住的。没有实物进来，不敢放实物出去，不然物资上的损失，用金钱是不能弥补得了的。只要生产下去，无论如何总是要亏，几年之后，全部资产耗空，即等于零。

北方偏枯是如何形成的？抗战胜利后，国民党急于打内战，妄图一举消灭共产党，对于经济建设，除了军需工业和必不可少的民品，其他根本无法顾及。由于东北、华北是内战的主要战场，战事不断，且日趋激烈，国民党对北方经济的扶持与投入就更少了，由此形成“北方偏枯”的局面。

早在1946年，以天津著名化工企业永利、盐业公司久大总经理李烛尘为首的实业家们，就一再为“北方偏枯”疾呼、奔走，大公报也不止一次报道动态、发表评论，希望引起国民党政府的关注，但都没有任何改进，反而愈演愈烈。大公报哀叹：“据久大、永利之发言人预料，经济政策如不改善，则此世界知名之大工业，纵不停于战前之军阀作恶，不停于抗战军事，亦将于胜利后之今日宣告停顿。”

1947年6月，大公报以天津为例，报道“北方偏枯”若干事实：“一、日本赔偿工厂22个，仅分配天津一制铝厂，且系最小之厂。二、天津为华北贸易入口，而中央规定天津外汇仅占4.5%，使华北入口贸易陷于停滞。三、广州外汇每次准汇美金3 000元，每周不限次数，而天津每次仅限美金2 000元，且每周仅限一次，严重影响华北国际贸易。四、港币每元在广州中央银行牌价为国币3 000元，而天津牌价则为2 500元，同一金融系统，同一港币，每元竟差500元。五、华南华中人民食米，从未闻征税；华北人民食面，而独独有税，且面粉向不运往天津而先到上海，无形予沪商以投机之便，而将集卸费转嫁于食面之人民。六、1946年度，中央大学已领复员费75亿元，而河北全省50余单位仅4.9亿元，一省教育费尚不及中央一校十分之一。”

10月，大公报再次报道，“自去年五月至十二月，天津歇业工厂72家，而今年一月至八月，歇业工厂竟达132家，其中包括面粉、碾米、榨油、织染、织袜、砖瓦、木作、铁工、橡胶、造胰等各类厂家，大抵都是有关民生日用必需品的中小工业。至于没有宣告歇业的厂家，也多实行减产，苟延残喘。”

1948年新年刚过，子冈在通讯《烽火北平》中写道：

……阳年好过，“阴关”难逃，李烛尘、姬奠川说，如果生产贷款不能续放，旧历年终天津工商业必有半数倒闭。去年靠农产品原料生产的工业已经倒闭（如面粉、植物油……），今年灾厄临到靠天然原料生产的工业，如水泥与制碱等工业头上了！启新发专电请财政当局收购一万五千吨洋灰，中小工业更不必提了。年终各厂的工资和奖金是一笔大开支，汇兑不易，了无办法。李烛尘的请求开放军汇、恢复工贷与押汇的电文所说“玉石俱焚”，是十分贴切的。……

在元旦前，记者去看了中央印制厂北平分厂，大约这是所有工厂中最景气的一个了。此厂规模及机器大于京沪的印制厂。可是，转动了三十年的古老机器，依然没有能够充分利用，通货膨胀到了天文学数字，可是，我们连这点自力更生的能力还差得远，纸张油墨生产不及，平津没有，要仰仗上海，而上海还用不过来呢，每月只运来二千多令纸，五六万磅油墨，一个月的生产是三四千亿法币，这点真不够印业消耗，大量靠南方运来。目前印的是一万、五千两种，大楼上高揭“生产建国”及“增产建国”标语、增产生产之道就是印更大额的钞票，五千元关金底版也在镂刻中。……可悲的是，我们生在这没有理性的乱世里，可是有人竟劝青年人做梦，有美丽的梦境才能改造现实……如果嗜杀者无梦，人民自己会把梦境搬到地面上来的。

几乎与子冈同时，徐盈发表新闻述评《到处偏枯谁独肥？》

偏枯！偏枯！不公平的经济制度之下，不仅偏枯了华北兵站要塞，而且也偏枯了腹心的经济基地，谁是得利者？北平市参议会议长、前市党部主委许惠东坦然指出，“瘦了华北，肥的是上海的豪门资本家！”而上海的豪门资本家却仍然也在被“戡乱”中了。

素以沉寂被牵着鼻子走的北方在烽火连天声中，不仅中产者不能生存下去，连那北方的豪门资本家也不能再独立下去，于是乃有河北平津三位参议会议长及工业协会理事长李烛尘、天津市商会主席兼河北省银行总经理姬奠川、进出口贸易协会代表墨农，在一月十四日一齐飞到京沪去，向那些大老官们去讲理。河北临参会议长，前国民党党部主委刘瑶章说：“要修正他们忽视北方的观念。”天津市临参会议长，前市党部主委时子周代表工商界说：“如果没有生产贷款六百亿，天津的铺子要倒一半。”

北方怎么在受牵割，使不说话的人也说起话来呢？说来话长。在外汇统治的比例配额中，北方只占全额的千分之四十，北方向外国订购生产机械，却只有千分之三十五配额，不足要向上海商人去买。甚至于北方人吃的米麦，都要由上海豪门来代订，这利润由中间人获得。而北方出口的这一点点外汇也要交给中央银行，按官价折合法币。北方出进口人请求用以物易物的连锁制度，中央也不答应。北方有大宗的货品腐烂下去不能输出，但北方的军队日多，军费日多，这些游资在北方无法作祟，同时也缺乏对象，只要到了北平就逃到上海去，上海的“既得利益者”为了本身的利益，也就毅然实施经济断流，停止申汇。国家银行不做工商贷款，让这块烂肉烂下去，不再影响到上海的安全，但是黑市汇水高到一万元要二千五百元时候，法币却仍然坐船或飞机到上海去，十二月份内即逃走了七千亿，中央银行的四十吨飞机每天要运一飞机来，也不能救济当地的头寸缺乏。

北平市参议会议长许惠东提议，为挽救目前的经济危机，要标本兼治，并具体提出发展华北工业、积极建设塘沽新港、取消盐业垄断、扶植特种手工业、奖励进出口贸易、开放工商业贷款等建议。

关于华北工业，华北是有煤有铁的军火基地，“日本人要把这里当成哺乳他们发展制造工业来征服全世界的乳腺，可是我们接收之后，无一不破坏，无一不停顿。”比较好的纺织工业，原棉供应上海占百分之六十，青岛、天津、沈阳等地只占百分之三十；人造丝的原料配额天津只占百分之六。生产贷款停止以后，周转资金赶不上通货膨胀，企业一旦倒闭，再要恢复难上加难。

关于天津新港。日本人以八年努力想完成一个新式的吞吐港，把日本的轻工业品输入，把华北的煤铁及化学原料从这里输出，使万吨以上的轮船能靠岸。而目前是三千吨的轮船想要入天津都要等候涨潮。

关于盐业垄断。农奴式的盐工在天津长芦区生产，托拉斯化的中国盐业公司设在上海，每船盐运到上海，就可以坐享四五百亿的利润，而北方的生产者却连果腹都不易得到。

关于扶植特种工业。如北平的地毯、珐琅、料器、雕漆、编织、补活、刺绣。在民国初年，仅花边业即可养十万人，每年出口换汇可达千亿法币……

经济的畸形发展还不限于北方。徐盈写道：

不只北方偏苦，腹地的湖南及四川也有同样的偏苦，这是令人想不到的。白崇禧到了长沙，听到参议员的一片牢骚声："湖南人尽了义务，也希望能享受相当的权利，可是，现在权利义务之间显然不平。现在的湖南是武不封疆，文不入阁，工不设厂，矿不投资，征不减额，役不援征，中央并没有重视湖南。"于是白部长答道："我到武汉的时候，许多人以为白某来了有办法。这次到湖南来，赵议长也说我有办法，其实，我白某并非三头六臂，我有什么办法？我的办法就在大家身上，要是大家起来，小而言之，保身家性命，大而言之，保乡卫国，都有办法。"此外，四川也是一样地失掉了安定，川盐不能下行，失业工人二十万，三十六年应还的战时征借提款三千余亿，始终未能缴还，而地方人士还对此款有一些空中楼阁的幻想，等到大绅士答应中央，以此款作为大巴山国防工事费时，小绅士却不甘心，便起了种种的扰乱，通南巴起于前，而川西坝子的农民又吃大亏于后，这种野火蔓延，很容易与大巴山的烽火连接起来。

北方人原以为只有自己受偏枯，现在却知道除了上海豪门以外，无不受偏枯，所谓层层有不平，人人有烦闷，这就是今天中国各地的写照。

1948年3月10日，大公报发表社评《北方工业界的悲运》：

北方工业界走上了绝路，这是大不幸；走上了绝路而依然遭冷淡，被漠视，这是更大的不幸。……许多小型工厂纷纷关门，在当局眼光看，直似路旁野草，荣枯生灭，一概听其自然。例如去年津市有二百家造胰工厂，到今年二月间仅有一百家在勉强开工了。这一类小工厂苦撑至最后而悄然倒闭，无人关心，也无人怜悯。甚至北平若干特种手工艺也正相继归于消灭；而一经消灭，这种具有艺术价值或关乎日常实用的手工艺，从此真成为绝响。平津这些小工厂小作坊，一面痛感成品滞销，一面惊心粮价暴跳，工人肚皮必须填饱，就这样拖延着，小本生意自然不久就被吃光，而不声不响地倒下去了。北方规模较大工业的苦痛实在更甚于一般小工厂：既苦销路拓展无望，又患资金周转不灵，已经陷于绝地，然却不准关门，故唯一办法是坐吃山空，最后出路是耗到油尽灯干为止。

物价！物价！！

北方偏枯，经济不振，城市的工业品出不去，农村的农产品进不来，城乡经济断流，情势危险。由于发展无望，又引起大批资金外流。大公报报道称，“中国逃亡在外国的资本，因估计方法不同，最少为二亿二千万美元，最多为十五亿美元。此项资金如何找回，丝毫没有把握。”

1948 年 5 月 25 日，蒋介石就任“总统”第五天，大公报再发社评：

北方偏枯，老百姓实在活不下去。这话在多少人的口头已经说得烂熟，在政府当局也都听得厌烦了。然而这问题却始终被搁置着，不得解决。今日北方真正危机在此，黯淡局面所以毫无开展之象，其症结也在此。

整个北方诚然都患偏枯，而乡村却遭受着更大的苦难……在战火炙灼中的乡村，真是一片灰烬，一片瓦砾，田地荒芜，人民饥饿，那景象真是惨绝人寰。北方乡村老百姓，勤朴而富有韧性，忍苦能力超出想象，何以今天竟简直活不下去？其他原因姑且不说，只看一看今日乡村老百姓的沉重负担。

战争是最惊人的消耗，而现在这宗沉重的负担就大部分压在乡村穷苦老百姓的双肩。征兵征粮征工以外，更加以无限制无范围且不经任何法定手续的各样摊派。更令人诧异的是……越是穷苦贫瘠，负担就越沉重，越是沉沦在饥饿线下的人们，就越成为被压榨的对象。……一切花费都要出自骨瘦如柴的老百姓的渺渺之身。……近年征粮摊派等一切加重人民负担的法令之推动，当然都朝着所谓阻力最小的地方楔入；乡村小百姓守法怕官，最驯良、最安分，所以今天的大小苦难，就只好一股脑儿都归他们包办。而尤其可痛心的一点，低着头淌眼泪挑起这苦难的重担子的乡村人民，竟还都是那些平日面黄肌瘦哀哀无告的一群。……长此敲骨吸髓，不顾人民死活，到了老百姓实在生活不下去的关头，那结果也当然是不堪设想的。而现在，这危机已经呈现在眼前了。……改善人民生计，毕竟是为政之本，而在今日，这意义更明，而功效更显著。老实说，最后一切，毕竟还是由人民裁判，此时倘能够减少老百姓一分痛苦，就可望收一分人心。

给这篇社评做注脚的是，平津两市车站街头麇集着一批又一批来自河北、东北的难民，有如潮涌，络绎不绝。大公报指，这已是全国性的严重问题：

据政府统计，现在全国难民至少有四千万人。而在平津，因为非赈不活的难民特多，而地方又穷，加以粮价波动，物资缺乏，所以难民问题更加令人焦愁。……倘坐视难民如蚁聚蜂屯，嗷嗷待哺，而当局却以开例会，办公文，苟且捱日子，那么难民的命运也就不问而知了！……拯救难民，不忍听其活活饿死，是政府不容诿卸的责任，其事决不可看做一种逾格的恩典。财政艰穷自属事实，可是政府平日耗钱也够多了，诸如粉饰外表，点缀升平，应酬敷衍以及虚绷场面的种种耗费，综计起来其数目也就可观，何独对于拯救流离饥饿的苦难同胞，却忽然愁眉苦脸简直一钱莫名了？这不令无数难胞们感觉人间太冷酷而大大寒心吗？

与大批难民的凄苦形成对比的是，最后一批日侨所受到的“优待”。

5月初，有800余名日侨从太原到了北平，住在正阳门门楼里，等待去天津塘沽搭船回国。大公报报道称：

他们大多衣冠楚楚，太太们依旧是一身和服，孩子们健壮活泼。警局的外事科先生在这里招呼他们，中国厨子为他们炖喷香的牛肉，连北平市民少有人照顾得起的水果贩和专卖美国香烟的小贩，也到这儿来打主意了。在巍峨的高楼上。有的日侨在奏六弦琴或竹箫，有的不时下楼到大街上去溜达买东西，与全国超等的太原物价相比，他们还觉得北平的第一等物价便宜呢。至于为什么让东北学生流亡街头城墙，受到警察驱逐，而招待日侨住在北平的“天灵盖上”——一位本报读者控诉，认为正阳门气象万千，是不应该让侵略我们多年的敌侨们寄住的。恐怕谁也不能回答了。这位读者说，他为这事气得吃了几丸舒肝丸而未好，并且声明本人并非学生，而是一个四十多岁的热河人。

经济不振，商品短缺，城乡断流，势必引得物价飞涨。请看“行宪国大”之后大公报部分相关报道：

5月15日，北平物价大翻身，为四万一斤的玉米面压得不能透气的人太多。北平冬振以后仍保留八个粥厂，每日就食贫民约八千人。难民纷至沓来，虽然各难民收容所已收容六千二百人，但距实际需要尚远。社会局所辖平民食堂每日就食平民约四千人，周来更形拥挤不堪，欲增设数处，但实已力不从心。

5月24日，太原粮价仍在不断上升，小米每石三千三百万元，机粉每袋八百五十万元，自磨白面每斤十五万元，豆面十四万元，高粱面十二万元，玉米面十一万元，大米二十二万元，麻油六十万元，海盐二十四万元，猪肉四十万元，羊肉三十万元。

5月25日，沪版社评：谁能解决农民问题，谁就能领导中国。……现在最大的矛盾是，在戡乱中，政府要贫苦农民出钱出力，出粮出兵，负担一切苦难，但没有给他们若何利益。……失农民则失天下，这是不可不知的一条历史的规律。

5月29日，汾酒价格涨势极猛，一斤售二百万元，并人戏谓：“借问汾酒价如何，路人咋舌不回声。”太原机面每袋已达千万边缘。

6月10日，端午节前夕，各项食品较前又上涨，猪肉每市斤七十万元，羊肉四十万元，各种菜蔬涨价一倍，白糖每市斤竟升到九十万元，红糖七十二万元。物价贵得不可名状，购者前拥后挤，“节约”二字已成历史陈词。

6月11日，近日京沪一带物价暴涨，闻当局特派蒋经国于日内赴沪调查。

6月17日，宁波十三日米价每石犹在八百六十万元之间，十四日就跳到一千三百万大关，一般升斗小民顿时人心浮动，无隔宿粮的贫民，在饥火燃烧之下，宁波终于在十四日酿成了全面抢米风潮。

6月18日，重庆也闹抢米风潮，米厂、米店七十多家被抢。

6月19日，北平物价仍在不断创造端节后新纪录，面粉逼近七百万大关，各物均在高峰上向天钻，市场记录专家已无法形容此地物价垂直暴涨。

6月20日，太原加价和涨价好像在赛跑。电力加价，煤加价，水加价，一切在加价；米涨价，面涨价，一切用品在涨价。因各种物价之剧烈暴跳，市场混乱，价格极不一致，要多要少，几成信口开河之势。驰名之杏花村汾酒一斤装每瓶售四百万元。米面庄形同收市，高粱面、玉米面一斤达三十万元，机面一袋已跳出二千万元大关。纸烟二十支装者有谓一百万元，有谓八十万元，真价若干，无人肯定。各商家举棋不定，都怕货物脱手，原价再难购回。

6月30日，物价如此，专家学人亦多做更坏的推测。吴之椿教授说：这样子下去，有点玉石俱焚的样子。

7月16日，本报沪版举行时事座谈会，综合大家发言，认为目前物价狂涨，表面的原因固然是为了政府收支不平衡，通货恶性膨胀而引起的；但根本的因素是战争消耗物资，造成物资缺乏，通货膨胀、币值日落的现象。在战争继续的条件下，单靠税收不能弥补支出，美援物资的数量、用途都受限制，亦不够剧烈的消耗。财政的困难不能解决，物资的供求无法平衡，物价不会停止上涨，改革币制亦是徒然。结论是战乱不停止，物价和整个经济都没有办法。如果政府既要打仗，又要解决解决经济问题，只有请豪门资本捐钱出来打。

经济如此糟糕，当局者中也有人看不下去了。5月，“立法委员”刘不同发表谈话：“近日物价疯狂上涨，工商业在崩毁中，中下级人群陷于极度艰苦；洁身自好的公务员，最低温饱生活已不能维持。可是我很奇怪，未闻行政当局采取如何行动以挽救之，此充分表现无能、苟安、自私。”又说：“今日的事实是穷人出钱出命以保护都市的富人，这个事实遂成为内乱的根源，为平乱必须要以非常手段，使有钱人把钱拿出，为平衡预算也须把有钱人的钱拿出，为平抑物价也须把有钱人的钱拿出，压低他们的购买力。”

北平的情况如何？请看子冈6月、7月报道：

在“物价决口人心如焚”的今日来写通信，都似乎是多余的了。经济崩溃的过程中物价一日三变，由寄出到刊登的一周中，物价报道成了明日黄花。如果说不报道经济吧，可是今天经济问题迫临着每个人，迫临着一切公私事业。

日前傅总司令又曾发表过一次“有决心平抑物价”的谈话，可是人民既不会天真地相信，商人们也不会奉为金科玉律，转瞬之间四十四斤一袋的面粉蹦到一千二百万元一袋，稻米三十三万元一市斤，玉米面十四万元一市斤了。听说七月份中美配粉定为二十二万五千元一市斤，是六月份定价七万二千元的三倍强，一些薪水工资阶级的人叹息，谁的收入可以依此比例增加呢？

国行决定开放申汇了，但是这对于物价仍不是一颗可以平定的砝码。对于东北游资也有了控制的办法，可是据专家谈，东北游资对今日物价之急遽波动并无首要作用，最重要的还是财政支出上庞大的军费。“望物价，盼和平”确是今日动荡在人民间的主流，主流不可能，便成为暗流，谁都知道战争是消耗性的，尤其是对内战争，消耗而无成果与代价。总希望这噩梦早些过去。

城防、难民、物价、财政……到处是问题，是困难，国民党政府地方行政官员个个如陷火坑，寝食难安。恰在此时，北平市市长何思源被免职了，听到消息，何思源顿感轻松。刚刚卸任的南京政府行政院院长张群见到他第一句话便是：“你也无官一身轻了，哈哈！”而新任市长刘瑶章却在静思过后，致电南京辞谢，似乎宁愿只做河北省参议会议长“敲边鼓”。子冈说：“这辞谢容或是谦逊，但是他必然地也深知今天的官儿不好当了。”

经济一团糟糕，社会也不得安宁。北平警察局致函各高校，称有少数“匪徒”假冒学生身份，潜伏各校活动，“警局为职责所在，于必要时将随时派警检查”。北大、清华、燕大等校复函驳斥：“学校是教育机关，为了保持教育的尊严，为了维护学府的自由，我们坚决反对这种无理的行动。”子冈写道：

集会甚至团体聚会游览在北平快要成为不可能的事了。上周燕大齐思和教授正在太庙和十几个学生联欢聚会，忽有便衣干涉，弄到官方打保盖章才释放。齐先生苦笑说：“谁叫我们是十三个人呢，当然是不吉利的！”私立艺文中学学生十二人假日游天坛，也莫明其妙地失踪了。初高中男女生都有，现已找到线索，大约就可以释放。校方说同学皆未成年，且功课都很好，想来是误会。

……完结不了的事件，完结不了的抗议，连胡适校长也为了北大区域被包围而向治安当局抗议。……以阎锡山为后台的“正中通讯社”

因“连续刊载不正确的学潮消息”而被罚停刊一个月，算来正可以歇过暑伏天气。一些多跑东北学生新闻的记者们也被怀疑为共产党。北平新闻界因请求配面未准而有“无面之王”的徽号，如今快成为“无命之王”了，因为帽子在满天飞。

物价涨，兵价也涨。所谓兵价，是指花钱请人代服兵役。1948年度，北平征兵任务为七千五百名，市参议会议决由各部募集志愿兵四千六百名，警察局抓两千九白名散兵游勇补充。但后来警察局却把两千九百名分配到市民身上，使兵价由三千万涨到一亿二千万元，弄得舆论大哗，人心惶惶，社会不安。市参议会就此质询警察局局长汤永咸，汤答复时反而“教训”了参议员，结果“台下齐声叫打，烟碟飞过来，捶桌声与跺地板声响成一片。有人要抢麦克风，汤局长以为要动手，便说：‘要动手不含糊，警察局局长打架太平常了！’副议长把汤拉开时，议员们还在和局长对骂，甚至‘混蛋、王八蛋’也满天飞了。”最终，参议员们以撤换汤为条件，才重新开会。

除了逼人的物价外，战争的感觉在北平城圈子里愈发变为可以捉摸的东西了。七月十五日晚上起，隆隆炮声来自西南方，有时震撼得玻璃窗也响动起来，在闷热初伏的午夜听来尤其沉重。……今天（十六日）午后炮声仍在继续，有的连声如锤击，好似在重庆防空洞里听日机丢炸弹。战事在良乡附属南岗洼以南三十华里处，据闻长辛店尚安静。

戒严已成家常便饭，商民们熟悉了，孩子们熟悉了，如今又来了炮声。小孩们往往会敏感地问大人：又要逃难了吗？和哪一国打仗呀？住在“和平沦陷和平收复”的北平城里的百姓，似乎从未考虑过“逃难”二字，而第二个问题，是难找一个适当的答复来满足童心的。

就在炮声逼近的今天，刘瑶章市长为了劝城防捐而向市民广播“如何增加市民的安全。”商人们会很聪明地把一切税捐转嫁给主顾，苦的是普普通通的“民”。

市场物价疯涨中，又迎来火车票加价、报纸加价。平津列车三等客票70万元一张，大型报纸一大张七八万元，小型一张五六万元。一位离职报人写文章说：内乱不平，誓不再做报人。他叹息自己已订不起报，怕以后中国的新闻事业要垮台。其实，毁灭的又何止新闻事业？由于国民党政府滥发钞票，印刷出版事业中也要被“钞票业”独占了。

北平市民眼看着要毁灭的事业又有一桩：公共汽车。过去敌伪时期曾因汽油缺乏而停办过，恢复公共汽车是胜利以后唯一的一件功德施政。但如今也因“汽油贵如血”而减少、缩短路线，加价以至声明：如再无法赔垫，要干脆停办了。

目前最廉价的是邮资，一个烧饼钱可以寄六封平信（邮资加价以后可以寄两封）。几千元的小钞已在市上论斤卖了，纸厂里也在收了小钞来还魂。

纸币贬值有时造成些啼笑皆非的事，例如行政院去冬为北平公教人员每月每人配发燃煤一百公斤，九、十两月办到，十一、十二、一、二四个月改变办法，只发煤价差额，这差额金在半年以后的六月份才发下来，一共三十八万，拿到手时每斤煤球已卖到万元以上。有的忍气吞声收下这笔“钱”，有的教职员璧还，并要追究责任问题。某君写了打油诗一首：

冬月煤价，夏月发下，名曰差额，其实真差！好官好官，不怕挨骂。

四月燃煤，左盼右盼，过了半年，竟将人骗。赏煤半筐，三十八万。

官话好听，穷人易欺，其心比煤，一片黑漆。彼亦有耳，宁不开啼？

士类无辱，既穷且硬，给钱不要，穷骨穷命，大人冷笑，笑神经病。

6月23日，大公报再发表社评《莫让北方更干枯》：

中国人民多难，而北方的人民尤其多难。……骄阳蒸炙着大地，战乱也蒸炙着大地，乡村的人向小城逃亡，小城的人又向大城逃亡。平津两大城市难民蜂拥而至，地方当局对于赈济工作办理寡效。此时，平民恃以为生的玉米面已经高到十二万元一斤了。战乱无尽期，物价无止境，洪流滔滔，人民怎样活下去？

政府对于北方的措施，早有偏枯之病。……现在军事偏重北方，政府要掌握北方，就先要掌握北方人心。北方人民苦极了，政府应该想办法加以苏息，注以生机，让人民可以喘一口气。退一步，从消极方面说，也应该让北方原有的事业维持存在，而不可在经济措施上更竭其血液，断其生机。

在日寇占领时期，北方各省是被作为战争基地而经营的。尤其在工业方面，单位之多，规模之宏，投资之巨，大概仅次于东北，而为关内各地之冠。胜利接收，政府拿了这一大笔资产，本是国家建设的最好机会和资本，不幸当局者的财政经济政策，只顾眼前，拆了卖了过日子。……卖工厂，卖房屋，卖这卖那，所卖的钱用到哪里去了，无从知道，大概不是开销掉，就是变了炮火，总之，都是填了财政上的无底洞。而北方的事业呢？有的停摆了，有的分割了，有的消灭了。到现在，许多重要的建设事业，都经费无着，而陷于半死不活的状态。……现在河北省已是破碎之局，平津两市也在战火中苦撑，人民穷到了极点，地方财政拮据，摊派浩繁，俨如厘金恢复。长此下去，人民固然负担不了，地方的正常建设工作也将无从着手。因此我们主张，北方所剩的敌伪产业，今后变卖所得的钱要用于地方建设，而不要再拿走随便花了。因为那些产业，名义上是敌产逆产，实则一点一滴都是当地人民的血汗。现在以之还于地方，也是天公地道的事。

蒋经国上海『打虎』

通货膨胀，物价飞涨，法币越来越不值钱。有记载说，1948年6月，人们购物用钞票已经可以论斤两或里程“换算”了，如，买一个鸡蛋要24斤法币，一斤玉米面要100斤法币，法币首尾接连二里半，可买粗布一尺，等等。在美国《今日新闻》记者拍摄的影片中，一位上海女接线员，月薪43美元，折合成法币高达4.35亿元，影片解说“可怜她几乎拿不动自己半个月的薪水”。

大公报连续发表社评，讨论物价与币制以及政府责任问题：

连日物价又在照例狂跳，……少数人投机发财，大多数人只有眼看着定期收入的薪金每一小时在缩小，为明天的柴米油盐而发愁。大家对新政府失望，指摘执政者无能。……法币为了“戡乱”财政的不足，本不能不多发，而在种种复杂的情形与原因下，它的使用范围却日就缩小，把逐渐增多的通货，集中到逐渐缩小范围内行使，物价哪能不狂跳？……在“戡乱”财政下，第一位支出当然是军费，增发法币的大问题也就在这里。……财政不能平衡，而要稳定币值，要安定物价，甚至要改革币制，都不能不说是空话。

这几天，街谈巷议，挂在人们嘴上的话题大致不外军事与物价。军事尽管紧张火炽，其实这两年多的战乱经验，曾有多少名城大邑的进进出出，业已没有太大的刺激，而真正紧紧震撼人们心灵威胁人们生活的，却是物价。一城一邑的易手，流血破坏，惨痛之至；而物价步步高升，威胁每个人的生活，也同样惨痛。……物价高涨之快，币值跌落之速，令人瞠目结舌。这问题的严重，的确到了估量政府轻重的程度了。……千千万万的人民百姓都要问一声：政府究竟有没有办法？有办法，就得下大决心办；没办法，也得有个交代，……事到如今，一个最有效的根本办法，是要政府下大决心，宣布停止增发钞票。财政上的一切手段皆可考虑，惟独不许印钞票。……印钞机不停，大难不已，政府能不能下此决心，以及能不能办到，却是一个大考验。

物价漫天上涨，一日数变，……物价早晚不同，决非货物本身在早晚发生大变动，乃是说法币的购买能力以及人民对法币的信任，早晚间便有程度高下之不同。……在通货膨胀下，物价高涨可以解释是凭空创造购买力的后果，也可以解释是不信任法币的表示。……今后政府虽不妨仍靠印刷机来筹划军政费，但到了一定时候，恐怕也会碰壁的。万一政治军事倒没有问题，而经济先崩溃了，试问大局还能维系下去吗？所以什么办法都不紧要，而安定币值，安定人民生活，则为当务之急。……国家现况，已无所谓建设，政府的最大开支是军费政费，赶印钞票以应付的也正是军费政费，惟有大举裁减军费政费，因而停印钞票或少印钞票，才是平抑物价安定币值最有效也最彻底的办法。

8月12日，著名学者朱自清先生在贫病交加中去世。此前，他参与签署了北平教授反对美国扶持日本的联合声明，并拒绝购买配额的美援平价面粉。当时，朱自清的全部薪水只够买三袋多面粉，全家精打细算过日子，每天要吃两顿粗粮。由于严重的胃病，他的体重已经减轻到不足40公斤。拒绝购买每月两袋美援平价面粉，意味着全家收入要减少五分之二。签字当天，朱自清在日记中写道："此事每月需损失六百万法币，影响家中甚大，但余仍决定签名。因余等既反美扶日，自应直接由己身做起。"大公报报道朱自清追悼会场景：

朱自清教授公祭及追悼会，各方来平者达五百余人，清华、北大和燕大三校的教授们集在一起，朱氏老友均亲临，多凄然泪下，女士有痛哭失声者。朱氏晚年画像暨于祭堂之鲜花中，双眉紧锁，若有所忧。上午九时家祭，至十一时，朱夫人不支昏倒，当先退出。追悼会冯友兰主席，浦江清报告朱氏生平，梅贻琦校长、陆志韦校长及北大代表罗莘田致辞历一小时。梅校长追忆联大时期的共事经过，赞美朱氏坚定地去走自己的道路，但有了全体的事，又能合作到底，为了许多事务工作的结束，他一定在他本年休假以前赶完，不幸的是因此而加重了他的病，但他的负责精神实在令人感佩。北大代表罗莘田教授追述他与闻一多及朱自清的友谊，对于闻氏的刚与朱氏的柔他都推崇，他说：赤条条地来是容易的，但赤条条地去却是不易的，所以朱先生能清白而去，这是他的伟大。陆志韦校长称：今天有许多“安息”字样，但死的是安息了，活的又怎能“安息”呢？三年以前，我们对国家的希望多么大。不死的人，死以前的责任越来越重了。最近将来，读书人还要痛苦，还要受更多的不了解，两方面的压迫要压得不能思想，有主张有见解的人一定今后要遭受更多的危难。朱先生身后萧条，比我们燕大的教职员更甚，可见国家对不起我们。过去有个儒励会，这种互助组织到今天仍有提倡的必要。最后，学生们以沉痛声音高喊：“老师，老师，我们要照你的指示去走。”

末为家属代表答谢，谓朱先生泉下有知定以此为慰。朱氏遗作及生活物品展览，在他的皮夹中，只剩有法币万元的钞票六张。

8月16日，上海大公报报道，8月上半月的生活指数，衣食住各项比7月下半月平均上涨90%，并用花边圈发短讯，标题“大饼油条，每件十万！”空前的通货膨胀，导致经济、金融秩序濒临全面崩溃，法币已经丧失通货价值，退出流通已成必然。

8月19日，蒋介石以“总统”名义颁布《财政经济紧急处分令》，宣布：一、自即日起，发行金圆券以代替法币和东北流通券。发行额为20亿元，金圆券每元可分别兑换法币300万元或东北流通券30万元。二、限期收兑人民所有黄金、白银、银币和外汇，禁止在国内流通、买卖和持有。三、限期登记管理本国人民存放国外之外汇资产。四、整理财政并加强管制经济。冻结全国各地各种物品及劳务价格，照8月19日各地价格，依兑换率折合金圆券出售，由当地主管官署严格监督执行；禁止封锁工厂、罢工、怠工；上海、天津证券交易所暂停营业。

8月21日，上海大公报在显著位置加框发表独家新闻《豪门巨富纷纷搜购公金债，隐名之人大批抛售股票》，揭露币制改革泄密，投机者大发横财：

> 这次政府实施币制改革，事前已有若干迹象可寻。据说，金圆券的印刷在重庆时就已筹备，中央银行两周前下令各支行将前镍币、铜币集中运来上海。同时，在一月前，就有许多豪门巨商向四川打电报，搜购美金公债、同盟胜利公债。最近各报分类广告中，时有征购这些公债、库券的广告，事前搜购和囤积出口物资者亦不乏其人。十九日上午，有某匿名之人从南京乘夜车抵沪，下车后不洗面，不吃东西，匆匆赶到某熟悉证券号，一个上午向市场抛售永纱三千万股，照昨天股票惨跌的行情计算，此人大约可获利四五千亿元。

这则新闻见报，舆论哗然，京沪震动。读者纷纷来信要求真相。在上海担任经济督导员的蒋经国责任在身，迅速介入；在南京的蒋介石震怒，下手谕给上海市市长吴国桢，并派两名监察委员到沪彻查。他们找到大公报当事记者季崇威，再三要季说出消息来源。季崇威坚称“是从交易市场听来的，谁讲的记不清了”，不肯说出从友人处获悉。无奈，蒋经国派人传讯鸿兴证券号负责人，查询交易经纪人账目，并拘捕有关人员，证实泄密、投机者为财政部秘书陶某，予以枪决；机密来源为财政部主任秘书徐某，旋被撤职；上海青帮头子杜月笙之子杜维屏虽然涉案，却只判了八个月徒刑，还大呼“冤枉”。一场轰动全国的丑闻始告结束。上海新闻界称，“打死一只苍蝇，放跑几只老虎”。

上海是金融中心，币制改革成败影响全国。蒋介石特意派儿子蒋经国前往督导。蒋经国带领自己一手组建的“戡乱建国大队”到上海，又招募一万多青年，组成青年服务队。蒋经国鼓动队员“要有武松打虎的勇气，来对付抵制币改的人”，上海人称他们为“打虎队”。大公报报道称：“蒋经国谈打虎，要组织民众力量与恶势力斗争，牺牲少数人利益谋多数人福利，不能听任上海为冒险家乐园。”“打虎队”与上海警察合作，严查市场、仓库、水陆码头，雷厉风行地实施限价政策，严禁囤积。违令者商店吊销执照，负责人逮捕法办，货物全部没收。蒋经国“打虎”大开杀戒，上海林王公司经理王春哲因私套外汇被处死，上海警备司令部科长张亚民、稽查大队队长戚再玉以受贿罪遭枪决。上海“打虎”一时震动全国。

同样作为督导大员的行政院副院长张厉生坐镇平津，却没有蒋经国那么“积极”。大公报记者戈衍棣报道：

当蒋经国已经开始在上海“打虎”的时候，张副院长还在平津保持着他的冷静。他初来时忙着召集各有关机关及工商界人士举行座谈会，还在平举行了一次盛大的记者招待会，说明这次重大改革的各项措施。他自称了解北方的一些特殊情形，态度相当的审慎。天天苦口婆心地在说与劝，将一个督导大员做得有点像宣传大员。有人在记者招待会上问他：“将物价冻结在‘八一九’，而物价在暗暗的波动，未见政府有如何办法，是否在掩耳盗铃？”他笑着说：“掩耳容或有之，盗铃绝没有那么回事，我们是在求稳定物价，并非平抑物价。”他一再呼吁各界人士对币制改革要有信心，他认为物价的高涨是有重要的心理因素在内，并且妙喻目前的经济状况像个垂危的病人，医生需要对病人忠实，但却可不必一定向病人说最老实的话，照例是要多给病人以安慰和希望，然后药投下去才有效用。如果医生告诉病人说，你的病严重到没有希望了，那样子也会因为病人失去信心而减低了药物的功效。

一群复员青年军看他们以前的处长蒋经国在上海有了行动，就组织了一个打虎后援会。数度谒张请愿，街上也贴了标语，“请张副院长开刀”。张厉生对记者说：“经济改革的成败要看上海，上海有办法，平津自亦有办法。平津目前稳定是沾了上海的光。北方与京沪不同，所以在作法上似乎也用不到完全一样。这里的情形特殊，各城市距离共区都非常近，如果严厉检查仓库，物资难免逃入共区。北方日用必需品中煤、盐、纱布差不多可以自给。比较成问题的是粮食。所以我们在集中力量来准备解决军粮民食问题，只要粮食问题可以获得解决，旁的东西就不必太严格的过问了。”

……北平早已被穷压倒了，有钱的人为数甚少，即使是有钱也不如京沪港穗达官巨贾来得阔绰。所谓北方偏枯，不仅是人民生活，就是特权特利者也不例外。因此“北方偏枯”被各阶层的人一致地喊着。今年中秋节有些人过得更糟心，尤其是穷人们，到当天中午肉也买不到了，月饼也卖光了，有钱的人头两天就办妥了节，没钱的人临时想办法，待办法想到，连起码的月饼“自来白”“自来红”都买不到了。夜晚空对一轮明月、万里晴空，搔首长叹。

黑市涌动，怨声载道，张厉生和北平当局不得不在9月19日发动了一次突击大检查，动员了两千多人，检查了一天一夜，破案1503件。“重要囤积者”39案，也不过是指囤粉200袋以上、食盐100袋以上者，比起上海来是小巫见大巫。

第一次大规模的经济总检查算是这样过去了。张厉生已于二十二日自平赴津，天津是否也要来一次呢？有些人正在注视着。平市配售粉这个月运来得非常迟缓，有时配售店的门窗在配面时也被挤破。还有配售店把配粉硬囤积起来的情事。依赖配粉生活的城市，要是一旦配售停止，那情况是不可想象的。

城市与乡村本来是相依为命的。粮食与成品的交换是城乡的正常状态，长期的城乡断流，不但城市的食粮成问题，一切也只有日渐枯萎。战火在城周燃烧着。秋节前后，北平城东城南一二十里的地方都曾有过小的战事。不足二百万人口的北平有近十万难民，一万五千流亡学生，六七千伤兵，汽车公司被挤得关了门，电车公司八月份被打伤了四十二个员工，亏累得奄奄一息。盗匪杀伤斗殴的案件层出不穷，原有的忍耐与谦让精神是已经被饥苦淹没了，所以一切失去常态。

9月下旬，杜月笙当众向蒋经国举报扬子公司囤积物资，“在上海首屈一指”，请求“一视同仁”予以查封。杜月笙也是扬子公司股东，但董事长却是孔祥熙之子孔令侃。杜月笙如此“将军”，蒋经国明知棘手，也只能派人查封了扬子公司，“扬子案”成为上海各大报纸争相报道的新闻热点。“打虎”打到自家人头上了，宋美龄亲自出马，到上海解救外甥孔令侃，并且打电报催促正在北平督战的蒋介石也飞来上海，对蒋经国说了一番“和为贵”的“道理”，并召见上海官员，亲自为扬子公司开脱。曾经积极报道“扬子案”的两家报纸反被勒令停刊了。

“扬子案”的不了了之，宣告了蒋经国“打虎”失败。他在黯然离开上海前的日记中写道：“心中实有无限的感慨，几欲流泪。望黄浦江上的晚景，觉得格外的凄惨。”

短命的『改币限价』

废止法币，发行金圆券，而且限11月25日前兑换；凡私藏金、银、美钞而不去兑换金圆券者严惩不贷；厂商存货超过两个月，轻者严惩，重者处死。国民党这一突如其来的“改革”闹得人人心惊胆战。在当局严令之下，各地中央银行门前每天人山人海，挤满了兑换金圆券的市民。许多人兑换了金圆券之后，依然担心贬值，仍在暗中囤货。

9月末，大公报记者戈衍棣发自北平的报道称：

文化城是个消耗的都市。学生、公教人员和不做什么事情的老住户，在北平市民中占着绝大多数，工厂不但比不上天津，甚至于不如唐山和石门。一些为了满足市民的消耗的商店，虽然撑着大门面，生意也相当清淡。……面粉在本月配售中，情形不如上月，据说是因为运输问题，配售店里时常贴着“配粉售毕”的红条子。其他零星用品用金圆改价以后，没有一种东西不在悄悄地涨价。就以纸烟而论，一个月中涨了有一倍还多，而且市上时常缺货。首批被查封的纸烟拍售也压不下市价来。其他的零星用品乃至饮食，遵守“八一九”的限者都在暗暗地偷工减料，降低成色。连冰激凌里的糖分都在减少着，吃到嘴里只凉而并不甜。

果然，由于国库空虚，所谓“实足准备金”形同虚设，而内战所需的庞大军费支出有增无减，结果金圆券越发越多，远远超过预期，政府的“八一九”限价令也根本无法维持，物价如脱缰野马，完全失控。10月2日，上海率先发生市民抢购风潮，并迅速蔓延至全国各大都市：

2日，太原物价普遍上扬，市民咸望当局有效遏止。

4日，上海市民抢购物资，争买呢绒百货，许多店家都拉上了铁门。

6日，汉口、蚌埠、合肥抢购之风蔓延，杭州、无锡实行凭身份证购物。沪版社评指，抢购风潮“洪水已泛，政府首先应该绝对勿使未发的金圆券再继续流出，其次应该以种种方法吸收游资回笼。这是最基本的治本之道。”

7日，北平抢购之风转烈，米面门市铺户空空如也。各店铺皆提前打烊，暂避其锋。燃煤亦遭波及。当局称，未得社会局发给许可证之物资，概不许出城。

9日，北平商店大部停业。物价跳跃，物资隐匿；大学生为伙食担心，伤兵捣毁米庄，警察对空鸣枪逮捕九人；囚粮短缺严重，百余犯人获保释。

11日，蒋介石发表时局演讲，承认“情势的确危险”，又说“但绝不悲观”。他不检讨政策失误，反而指责媒体“误导舆论”：“在平津，报纸天天登载京沪各地如何发生抢购风潮，人民心理如何恐慌，社会秩序几乎不能维持……加以过分的渲染。同样地，上海的报纸又说平津一带抢购风潮如何严重……这一点我盼望新闻界人士特别注意，切不可报道刺激人心的新闻，作为增加发行的手段。应该在国家民族的前提下，负起领导舆论的责任，共谋社会的安定和进步。”

然而，事态并非舆论可以左右的，各地抢购风潮愈演愈烈。大公报报道：

上海“节约增产督导委员会为实行节约决议，呈请市府规定每周市民节食猪牛羊肉一天，并请令屠宰场遵照办理。现由社会局拟具肉类节约实施办法，定星期二为‘无肉天’，星期一各屠宰场停宰猪牛羊一天，各肉商肉摊酒菜馆星期二停售猪牛羊肉一天，若有私宰私售违法情事发生，决依法处分，轻的警告罚钱，重的短期停业或吊销营业执照。”“市民抢购风仍然很盛，永安等大百货公司每天虽仍照常营业，但货柜里尽是草帽、白鞋等夏季用品，而呢绒、绸缎、百货等物抢购一空后，食品已成抢购对象，火腿已成稀品，饼干只有清晨排队购买，菜蔬肉类在上午七、八点钟就抢购完了。由于殡仪馆的搜购，棺材、寿衣也大起恐慌，成为奇谈。在这期间，只有书店生意仍维常态，而且比先前更冷落些。”

16日，南京立法院立委张之江等96人提出紧急动议称，“币制改革之后，近日物价复又狂涨，黑市潜伏，演成市面恶劣现象，拟请迅开物价检讨秘密会议，彻底研究办法，以安民生，而固国本。”

大公报发表原案所附说明称："物价之狂涨，此尤彼效，相习成风。……致人民食用生活所需物品，因不能正常购买发生恐慌，日在烦虑急苦中挣扎，长此下去，实在民不聊生。若不力图补救，导致人民由失望而绝望，势将酿成严重之恶果，演变至不堪收拾之地步。"

24日，河北、热河、察哈尔监察委员行署向南京行政院提出纠正案："溯自币制改革施行经济管制以来，初则发生物资逃避及民众抢购现象，继则黑市猖獗，物价飞腾，一切日用必需品均较限价超过数倍，食粮且上涨将及十倍，而公教人员之待遇仍在冻结中。以平津而论，一般中级人员每月俸给之所得，仅足购买一袋面粉之用；且北地天寒，对于御寒之棉衣炉火，尤属无力添购。处此饥寒交迫之时，群情惶恐，势必影响行政效率。今平津等地迭有罢教怠工之事发生，要求加薪之声浪已成普遍现象。监署认为行政院对全国公教人员之待遇未能配合实际情形随时调整，故有纠正之必要，以维公教人员生活。"

24日，北平各大学教授朱光潜等17人联名上书蒋介石暨行政院，直陈："城市限价政策等于自杀，请求按人口配给主要生活品。"

25日，北大教授82人发表停教宣言称："改革币制以后，物价和薪给被冻结，我们不能照限价购得食用所需，每月收入仅够几天生活。我们和我们的眷属为饥寒所迫，决定自即日起忍痛停教三日，出去借贷来维持家人生活。"南开大学、清华大学教师立即响应，宣布分别停教三天、五天，北平各院校全部停课。

26日，天津南开大学、北洋大学教师停教，学生罢课，师生共争温饱。

27日，停教波及中小学，北平中学十六校今起停教四天，各国民小学教师也在酝酿中。

28日，北平电信一度停顿，员工饿工一天要求改善待遇。

29日，社评：周来物价较“八一九”限价多高出五六倍以上，当局虽欲抑止，但终属止不胜止，相互默然。薪金冻结下讨生活之公教人员叫苦连天。市民配粉终未达理想。公教配粉似已望眼欲穿，但仍消息杳然。燃煤利市三倍，公教一月所得不足买半吨燃煤、两袋面粉。眼看严冬到来，饥饿之声，似益将澎湃。

30日，大公报详细报道了立法院29日辩论立委陈明仙等临时动议《请提出救济目前经济危机办法，交政府执行，以解民倒悬而维国宪》案的发言：

崔学礼指出：“现在市面上什么东西都买不到了，像这样子下去，恐怕连首都的秩序都要难于维持。我主张现在应该给行政院长限期，在五天或七天以内立刻拿出办法来，行政院长负得起这个责任就干，负不起这个责任就走开。”

韦永成认为：“现在的局势一个是军事问题，一个是经济问题。军事我们不谈，以现在的经济问题来说，实在已经威胁到了人民的生活。今天排了队还可买得到东西，等到排了队也买不到东西的时候，那个秩序恐怕不是几根枪杆或几个警察可以维持得了的。今天政府不肯取消限价，完全是为了面子问题，不肯承认失败。我们主张立刻取消限价维持市面。今日的经济情势决非王云五之流所能处理，他应该辞职。”

莫萱元说明两点：“以警察力量来解决经济问题是不可能的。限价政策根本违反了经济原则。”

倪文亚提出了相反的意见：“对取消限价本席有些不同的意见。

今日的财政经济问题大家都已了解得很清楚，现在的问题是，我们是否要回过头去再走‘八一九’以前的路。此次经济改革的精神所在就是限价。现在的情形是有钱买不到东西，‘八一九’以前的情形是物价狂涨，没有钱买不到东西；‘八一九’以前的是条绝路，大家知道这是走不通的，为什么又要回去走这条路呢？目前的困难，我们应该有决心来克服它。”

立委刘不同发表书面意见，大要如下：“通常经济制度的推行，其目的必须是满足普通人最低生活的欲望，假定违背了这个原则，一定不会成功。改革币制后，实行限价，发现了种种毛病，今天再想物价一律冻结于八月十九日的市价是不可能了，而这些限价政策只是有利于多数特殊权利人物，他们可以特殊权利照着限价购得日用品，而一般人民就是想在黑市场买得必需品也不可能，这样长此下去，可能发生意外的动乱，到了马断了缰时，再想谋救也晚了。今天政府当局应该勇敢地承认这个经济政策错误，即速谋挽救之策，取消限价，米、盐、煤、油、布、肥皂等采取限制购买制度，其他非一般人必需品一律采取议价，严令各地不得限制其流通。货币的价值不是以严刑苛法能维持得稳定，今天已到严重的危机，我希望政府马上就采取行动。”

10月31日，大公报发表社评《政府应该感觉责任了》：

时间真是无情，距离政府宣布币制改革才两个月零十天，已弄得全国各城市风云变色，千千万万的人民为柴米油盐发急发愁，以至惶惶不可终日。这情形可虑极了，绝不可任其拖延下去，而更增加人民的痛苦，甚至酿出巨变。币制改革这一套办法是政府办的，今天把局面弄成这种样子，何以善其后，政府也有它的责任，不能一拖了事。……事已至此，政府只有感觉自己的责任，快快拿出善后的办法，以解人民倒悬之苦！否则，大家真要同归于尽了。

这次币制改革的一套办法推行到现在，其结果已完全看出了：（一）豪门巨富未曾撼动毫毛，可能又在浑水里摸了大鱼。（二）中下产阶层被解决，他们纷纷兑了金钞，把频年的一些可怜积蓄换得金圆券，却已得不到政府所保证的“八一九”限价物品。（三）真真苦了绝大多数的勤劳贫苦的大众。这绝大多数的人民，他们既沾不到特权特势的便利，也没有金钞兑得金圆券去抢购物资，他们绝对是日挣日吃，甚至寅支卯粮，眼看物价刻刻涨，而又排队站班未必买得到糊口物。鼻涕眼泪，饥肠饿肚，受着生活的煎熬，这几天，上海的马路上常看见三轮车夫谢绝乘客，理由是“肚子饿，蹬不动了！”他们的口袋里不少散碎的金圆券，但却买不到东西吃。一个政策，弄到放纵了豪富，解救了中下产阶层，苦害了勤劳贫苦大众，还能再坏吗？

有一个基本观念，在中国还应该深刻传播，念兹在兹。这观念是：政府是为人民服务的，国家是人民的。搞政治，谈国家，一切均须以人民为主。这道理本是天经地义的，但人们一居高位或高谈阔论时，往往有意无意地会骑在人民的脖子上，甚至根本忘掉人民。

11 月 1 日，南京政府终于被迫宣布取消了实施仅 74 天的限价法令。11 日，又宣布取消金圆券发行 20 亿元的限额，并把金圆券贬值 80%！（讽刺的是，金圆券上，蒋介石的头像第一次取代了孙中山，可谓迎头一击。）与此同时，准许人民持有金银和外币，但兑换率一律提高 4 倍。此举随即在各地引发了挤兑黄金的狂潮。如此出尔反尔，国民党政府及金圆券信用一落千丈，越发不得人心。

大公报社评指出：“放弃限价，是应急之策，可免更乱下去。但事势至此，币制改革所预期的目标是大半失败了。今后怎样呢？瞩目北望，烽火连天，人人忧闷，何日才得太平？那不仅是经济财政的关键，而人民的生存，国家的命运，都将由此决定。”

徐悲鸿仗义执言上法庭

1948年10月22日，北平中央艺术专科学校（国立艺专）校长徐悲鸿先生，在北京大学法律系著名教授费青（费孝通先生之兄）和大公报记者张高峰的陪同下，走进北平地方法院的审判庭，为本校同人、枉死的青年画家齐人"打官司"。

事情缘起6月一桩因主治医师草菅人命，导致齐人死亡的医疗事故。

齐人本名齐振杞，1916年生，北平密云人。青年时代习画，早期作品就开始被京华美专的先生们所重视。抗战爆发后，他投笔从戎，与臧克家先生等在一、五战区从事抗敌宣传工作，尝尽人间辛苦，也从现实中汲取了许多作画的素材，官兵与农民都推崇他的作品是他们生活的真实写照。

1942年夏，齐人到重庆，结识了徐悲鸿先生。同年，重庆举办画展，他的作品有四五件被选中参加，徐先生评价他的作品"充满战争气氛和现实反映，非闭户造车者可比，虽大学任教之名流中亦不多见。”1943 年，齐人正式加入徐先生的中国美术学院为研究员。廖静文女士在她的《徐悲鸿一生》一书中记载，抗战胜利前后，徐先生在重庆筹备成立中国美术学院，常在月明之夜与工作人员漫谈艺术，“画家齐振杞曾写了许多日记，记录悲鸿当时的那些谈话，打算以‘月下清谈’为题发表。但后来齐振杞先生不幸早逝，这些日记也就不知下落。”

1946 年，齐人随徐悲鸿先生到北平中央艺术专科任教，不断有新作问世，还为天津益世报主编艺术周刊，甚为活跃。张高峰因为采访关系，与徐悲鸿先生和齐人成为朋友。廖静文女士所说“后来齐振杞先生不幸早逝”，指的就是这位年轻有为的青年艺术家，竟在 32 岁时枉死了！

1948 年 6 月，齐人发现便血，经北平市立医院外科主任杨静波确诊为内痔，需住院手术。6 月 15 日，这位穷教师夹着一个小包袱，入住该院三等病房。那时住院要有保人，担保将来偿清住院医疗费用。齐人住院的保人便是悲鸿先生。

6 月 17 日，杨静波为齐人动了手术。术前，齐人还对杨静波说：“等我病愈，给你画张画，谢谢你。”术后，齐人遵杨处方医嘱，每日服消炎片十二片。不料，第二天就出现了恶心呕吐、小便困难的异常现象。在齐人身边陪伴的张高峰等朋友，急忙去找护士和杨静波，护士说那是“正常现象”，而杨静波则不见踪影。他当时还兼职北平同仁医院、北平空军医院外科主任等数职，自己还开设了一个诊所，妻子又是执业助产士，可谓四路进财。而当时的医院三等病房，就是穷苦病人的“寒窑”，小小穷教员、区区割痔术，在杨静波眼里根本不当回事。

19 日，齐人病情恶化，而护士照样要他服用消炎片。请杨静波不到，齐人痛苦地对朋友说："三等病房住不得，快想办法把我转二等病房。"而院方却说："二等病房费用加倍，恐怕齐先生住不起。"朋友们商之徐悲鸿先生，他说："多少钱也花，立刻转，救人要紧。"

20日，齐人转入二等病房，这时他已两天无小便，面部明显浮肿，神志时有不清。朋友们急着找杨静波来抢救，他却依然不知去向。齐人病情恶化，引起医院一些大夫的议论。其中有张高峰的朋友，好意地告诉他，齐人很可能因为连服消炎片而喝水较少，引起肾脏结晶转尿毒症，应即转内科，最好请院外泌尿科大夫会诊抢救。当张高峰等向院长陈非莫提出这样的要求时，他不但不予支持，反而说，依照规定，他们不接受外院大夫会诊，并且刁难说："会诊是要金条的，你们有多少？"为了争取时间，朋友们只好要求先转内科，再谈会诊问题。

22日，齐人转入内科病房，病情更重，连续抽风，咬破舌头，全身浮肿，神志昏迷。情况如此紧急，内科竟无大夫接手治疗。他们认为，病人是在外科不治才转来的，仍应由杨静波继续治疗。但杨静波始终没有露面。朋友们找院方交涉，也是推脱。齐人病情一误再误，失去了抢救机会。

23日，院方才勉强同意请来外院泌尿科专家会诊，确认已转尿毒症，抢救无望了。会诊时，杨静波也到场，这是他手术后第二次来看他的病人，但病人已经奄奄一息。张高峰等问他："怎么办？"他无可奈何地说："再看看吧。"未做任何治疗处理便走开了。24日，齐人不幸病逝。他手术后只活了六天，杨静波开创了割痔致死的"世界纪录"。

齐人死后，一场曲折的诉讼官司开始了。

按照事先与悲鸿先生商妥的计划，在齐人死后一小时，张高峰和艺专代表冯法祀教授、保人徐悲鸿代表廖静文女士、北平地方法院检察官潘守谦（张高峰的大学同学）即赶到陈非莫办公室，要求封存齐人病历。陈自然不肯。潘守谦即以检察官身份要求其交出。随后，他们即将病历逐页编号，并加盖廖静文特地带来的徐悲鸿先生的图章，防止院方篡改、伪造病历。同时，艺专派出学生守护齐人尸体，并连夜购买冰块防腐。次日，北平艺专向北平地方法院提出诉讼，要求对玩忽职守、草菅人命的杨静波、陈非莫治罪，法院受理了。同日，把齐人尸体送协和医院解剖化验，证明确实死于肾结晶尿毒症。张高峰还利用新闻同业关系，向各报记者透露这场官司的消息，“齐人割痔冤死案”一时轰动平津。

杨静波受到舆论压力，知道这场官司不易收场，先是托人伪造解剖化验结果，未能得逞；后又高价聘请当时北平著名刀笔、曾专为大汉奸辩护的律师刘煌为其辩护人，向法院方面活动，希望不予起诉。张高峰等针锋相对，也找了法院方面的同学、朋友主持公道，终于在 6 月 28 日宣布提起公诉。

杨静波一计不成又生二计，不惜血本拿出六七亿法币，以刘煌的名义大摆筵席，两次宴请平津两地各报的编采负责人，拜托以后不要再发齐人一案的新闻。张高峰将这一情况报告悲鸿先生，徐先生气愤地说：“无耻之尤！这场官司，我们一定要打下去。有什么困难咱们共同克服。”

杨静波还通过当时的北平市卫生局长韩某等，转托朋友向张高峰说项，愿以十五根金条做赔偿，私了此案。张高峰当然不能接受，并报告了悲鸿先生。徐先生鄙夷地说：“在杨某等眼里，金钱是万能的。岂知我们这些人向不为金钱所动。杨静波的这些可耻活动要揭发，让世人看到当今社会的黑暗。”

北平地方法院开了几次庭，每次都在杨静波与刘煌的狡辩中休庭，主审法官明显倾向被告。张高峰断定其中有鬼，商之两位检察官同学，他们建议再请有力律师。于是张高峰到北京大学拜访了法律系教授费青先生，说明齐案经过及杨静波的卑鄙活动，请他支持诉讼。费青先生当场答应担任原告的义务律师，随即正式向北平地方法院提出，再开庭时，传熟悉齐人之死全过程的证人徐悲鸿、张高峰出庭作证，与被告当场对质。悲鸿先生表示，不治杨静波之罪，誓不罢休。

1948 年 10 月 22 日，北平地方法院第三次开庭侦讯。徐悲鸿先生由义务律师费青教授和记者张高峰陪同出庭，法官、检察官、书记官、被告及旁听观众都投以惊异的目光。徐悲鸿先生当时 53 岁，头发已花白，身体文弱，着长袍，但很有精神，安详地坐在那里。相信这是他生平仅有的一次出现在法庭。

被告杨静波当庭承认，他一周才到三等病房查房一次，但不承认齐人是因为他的贻误转症致死。还狡辩说，护士一直认真护理齐人，病历有记录可查。那么，齐人究竟怎么死的？病危之时，杨静波可曾到场抢救？法官竟不加追问。

当法官问到徐悲鸿先生的时候，他拄着手杖站起，悲愤地说："齐振杞先生之死太惨了。法庭是神圣的地方，我凭着良心来讲话。齐先生入院是我介绍，我亦为保人。6 月 20 日，他病情忽然加重，我去看望，他说想呕吐，不能小便。通知了主治大夫杨静波，因居三等病房，不予重视，亦不予治疗。22 日，齐君转尿毒症，病入膏肓，仍不见主治大夫。23 日，杨大夫才到病房，而齐君已处弥留状态，不能挽救。区区割痔小症，竟陷齐君于死，杨静波实应负杀人之责，而齐君诚可谓黑暗时代之牺牲者。齐君是本校身体最健壮的，其生前作品正在艺专展览，他才 32 岁。有今日这样的优秀成绩，在国内不过五人，竟被‘名医’杨静波疏忽转症致死，实在可惜。如我是大夫，疏忽致人于死，纵无人控告，受良心责备，我也去自杀。更有甚者，杨静波自知罪责难逃，竟大摆宴席请新闻界，妄图封锁开庭受审消息，又托人愿出黄金十五条私了此案。杨静波若不治罪，天理何在？！”

徐先生仗义执言，悲愤、严正、有力地指控“杀人”者杨静波，痛斥社会的黑暗，迫使被告和他的律师与证人哑口无言，旁听席的观众默默地赞佩敢于打抱不平的徐悲鸿。

张高峰知道齐人的病历有几页是后来填写的，所以当场提出：“在场作证的护士小姐，谁能证明齐振杞的病历全是真的，请签字。如果今后查出有假，请负法律责任。”无人应声。张高峰又说：“齐先生手术后三天即转尿毒症，病情日益加剧，主治大夫杨静波一直不予过问，哪里来的逐日病历记录？从齐先生住院到死亡共六天，主治大夫杨静波只看他两次。齐先生病危时，杨静波一直不露面，不抢救，草菅人命，置齐先生于死地，现有病历与解剖化验结果证明，试问杨静波该当何罪？”张高峰还指出：“陈非莫身为院长，对病人见死不救，又不许外院大夫会诊。齐先生死后，他故意拖延时间，妄图尸体腐烂，无法解剖化验。陈非莫也是罪不可恕。”

杨静波、陈非莫在场无言以对。他们的辩护律师刘煌站起发言：“齐振杞是否转症死于尿毒症，这是一个医学上的问题，不是法律所能解决的，建议送南京司法行政部法医研究所鉴定。”这些话显然是他们事先商妥的，当时平津已是解放军大军压境，他们有意拖延判决，准备趁机南逃。主审法官朱某不避包庇之嫌，竟接受刘煌的要求，宣布休庭。直到北平解放，再未开庭。

打官司的同时，徐悲鸿先生和张高峰还在当时颇有影响的《中建》杂志上发表文章，悼念齐振杞，揭露杨静波。

徐先生文章的题目是《艺术家齐振杞遭暗杀》，他写道：

齐振杞先生多才多艺，尤长绘画；每星期必有新作，精勤不懈；章法自然，卓然成家；尤以“东单地摊”为极成功之作，虽置之世界作家之列，亦无愧色。其为人，有热情、义气、慷慨、直爽，秉北方人优美性格。其为教，又循循善诱，深受学生爱戴；兼之体干魁梧强健，故艺术界文化界咸寄以无限期待希望。讵知因割痔为北平市立医院杨静波医士玩忽而致死！竟使一代艺人，盛年殂谢！而查医院在齐割治后，有三日无病情报告，已据张高峰先生等查明；但闻近又发现报告，其为伪造无疑。玩忽如是，杨静波医生虽无意杀人，实无异其手杀之，虽有如簧之舌，不能辩也。闻杨医生因手术高超，各医院争为罗致：身兼三四医院外科主任之职，视齐君区区割痔小症，不加注意，亦无暇注意，遂致陷齐于死。是杨应负杀人之责，而齐君诚可谓时代之牺牲者也！……齐君并有老父弱弟，生前待其赡养，死后尤深惨痛，谅法院定有以申法纪，而平多人之悲愤也。伤已！

张高峰文章的题目是《谁杀死了齐人教授？》，其中写道：

我们相信司法界是公平的，杨静波不能逃出法律。新闻界也是公平正派的，杨静波用一点油饭不能堵住舆论的嘴。齐人教授所得的是不治也不会死的内痔症，是因为他穷，住了一个无人照管的三等病房，又碰上了身兼数职不负责的杨静波大夫。今天艺专向法院所控告的不是杨静波，而是控告这不道德的中国社会，草菅人命的医生。我们不禁替齐人教授呼冤，你一个穷书生，这黑暗的社会，黑暗的势力就永没有公平，你能含冤长眠九泉吗？

1949年1月10日，法庭宣判，处杨静波两年徒刑。徐悲鸿先生再次亲自出庭听判。当时北平已被解放军包围，半个月后，杨静波、陈非莫以及北平卫生局局长韩某都去了台湾。齐人冤案未得昭雪。徐悲鸿先生关心齐人在家乡的老父和弟弟齐振栋的生活，特地把振栋安排在艺专做总务工作。

北平解放后，齐振栋又向人民法院提出诉讼，经受理后判决，民事部分由杨静波在北平的妻子田凤銮从杨的财产中拿出若干斤小米做赔偿。刑事部分待杨静波归案后再作处理。这场官司始告终止。

『和平无望』

1948年11月10日，香港大公报发表社评《和平无望》：

东北军事剧变之后，限价改革放弃以来，军政大局风云变色，物价涨势汹涌奔腾。这局面，即使一般国人怵目惊心，以为祸变无日，尤其绝大多数的升斗小民，愁米愁菜，抢风四起。在这种时候，谁不居危望安？谁不惧乱思治？但是，事势至此，千千万万人的想望，显然是一时不易实现了。……石走悬崖，箭已脱弦，其势已无法挽转，再难得简易的和平了。

……在这时候，南京一群教授们起来上书当道，呼吁和平。无论他们的动机如何，这呼声是有其时代性的。然而，呼声只是呼声，其回响却是个“否”字。南京中央日报先发表社论，痛斥这种呼吁是梦想，是倡导投降。蒋总统前天也发表演说，坚决申明长期戡乱的决心。同时对“少数知识分子”加以斥责，说他们提出和平主张“实在是自己丧失了民族精神，完全是投降主义者。”从这种气氛看，蒋总统是具有充分决心的，政府也必然继续打下去。和平想头，不过是一丝蝉鸣一缕云烟而已。

事势至此，和平无望。在此情况之下，政府自然要尽一切可能，以加强军事，继续打下去，经济自然也尚难好转，人民自然还要吃苦。这一串，好像是命中注定，无可如何。……那么，难道就这样乱下去了吗？人类虽不免战乱，毕竟是需要和平生活的。而且战乱是变，和平是常。我们所付战乱的代价已甚高，希望历史的轮子是向前进，在战乱纷纷痛苦重重中，让我们获得真实而持久的和平。什么是真实而持久的和平？一句话，是人民大众的合理生存。

大局板荡，生民涂炭，身在水火，忧心曷极。但要知道，真正的历史创造者，并不是稀世的英雄，而是亿万生民。亿万生民的求生力量，才是人类历史的真正动力。违逆了人民大众的生存轨道，必无治；摧折人民大众的求生欲望，必乱。明白了这基本的道理，则如何拨乱返治，自可不言而喻。看目前中国的乱局，人民真是痛苦极了，目前纵然和平无望，人民大众终会走上合理生存之路。我们挥泪跋涉，总希望这条真实而持久的和平之路已不再远！

这篇社评出自大公报总编辑王芸生之手。他写下这样的文字，是有着深刻的现实背景的——此前 20 天，国民党长春守军郑洞国率部投诚；此前 10 天，南京政府宣布限价政策失败，同日，解放军攻克沈阳，国民党丢失了在东北的最后一个据点；此前两天，蒋介石在南京中央党部会上致“训词”，重申“长期戡乱的决心”，而各地传来的消息依然令人忧心忡忡。请看 11 月上旬大公报部分报道标题：

1 日，饥饿与战火中，北平两万天主教徒祈祷和平。

2日，晋局战况空前，援晋兵团停进；残破铁路屡修屡毁，通车里程与时俱减。

3日，东北军事逆转，美大使馆劝告平津侨民撤退，传英方亦曾做同样劝告；太原机场威胁解除，援军粮食弹药继续空运。

4日，挽救华北危局，平冀晋热察五议长昨访傅作义长谈；傅表示首须收拾人心重整士气，军事上有决心有把握。

5日，锦州长春失陷，沈阳撤守，华北局势危困日增，平津冀晋热察绥七省议长电总统，请速采取措施安定华北；翁文灏内阁总辞职；南京小学教师总请假，要求维持最低限度温饱。

6日，看太原战时景色，七岁儿童也编成助战队，公教人员轮流修筑工事；北平征兵实施新办法，今起编组役政互助小组，优待征属保障生活安定，壮丁不致逃亡；配额万名限月底前完成。

9日，沪昨检查户口，交通严封锁路断行人绝；沪市场惊涛骇浪，米价狂涨瞬息万变，抢粮之风盛行，昨连续发生八起，糨糊用粉也被抢，警察出动捕人。

10日，徐州会战序幕揭开，津浦南段被毁车已不通；太原城东争夺战，清晰枪炮声竟日未停。

10日，沪米荒愈趋严重，抢米事件愈多，迫于饥饿工人怠工；首都也闹抢米，警察出动开枪弹压，饥民一怒放火焚房。

无望的不仅是大公报、王芸生。11月14日，南京爆出一条惊人消息，蒋介石的国策顾问，国民党的“第一笔杆”陈布雷自杀身亡！尽管中央日报只是在第二版刊载简讯，说他“因心脏衰弱，突告不起”，但坊间盛传，陈布雷是吞服安眠药结束了自己的生命。18日，中央社播发的消息证实了陈布雷自杀。

陈布雷原本也是报人，他主持上海《商报》笔政时，以“畏垒”为笔名撰写社评，“议论周匝，甚负文名”。1928年加入国民党，做了蒋介石的“文胆”后，陈布雷虽然仍是一介寒儒，在国民党众多贪官中以清廉名声“独树一帜”，且“为人谦和拘谨，待人接物，向无疾言厉色”，但王芸生说：“每见陈为蒋侍座，低眉垂目，敛手侧座，必有询问，才答数语。那种恭谨严肃的样子，令人看了透不过气来。……一连二十年，伴蒋作幕，操笔为文，参与机密，始终当要津。蒋的文告，几乎尽出陈手，大本《总统言论集》，每个字都是陈布雷吸纸烟咽苦茶，从他的脑子里挤出来的。”

内战烽烟四起，国民党一败涂地，局面不可收拾，陈布雷陷入深深的苦闷、悲观之中。他在11月11日的杂记中写道：“而今我是为了脑力使用得实在太疲劳了，思虑一些也不能用，考虑一个问题总觉得头绪纷繁，无从入手，而且拖延疲怠，日复一日……不但怕见统帅，甚至怕开会，自己拿不出一些些主意，可以说我的脑筋已油尽灯枯了……”由无望而绝望，陈布雷写下十一封遗书，于12日夜间走上了自戕之路。

大公报公布了他写给蒋介石的两封遗书，除了感念知遇之恩，竟无一字提到国共之战。其中写道：“……今春以来，目睹耳闻，饱受刺激。入夏秋后，病象日增，神经极度衰弱，实已不堪勉强支持，值此党国最艰危之时期，而自验近来身心，已无丝毫可以效命之能力，与其偷生尸位，使公误计以为尚有一可供驱使之部下，因而贻误公务，何如坦白承认自身已无能为役，而结束其毫无价值之一生。”“……布雷此意，早动于数年之前，而最近亦起于七、八月之间，……抑郁不可终日。党国艰危至此，贱体乃久久不能自振，年迫衰暮，无补危时。……我心纯洁质直，除忠于我公之外，毫无其他私念，今乃以无地自容之悔疚，出于此无可谅恕之结局，实出于心理狂高之万不得已。”

《观察》杂志某知情人撰文透露：“……陈布雷之敢于在自杀之前，以‘停止戡乱，放弃独裁，绝交孔宋’三事直言相谏，谏之不从，则以死明志。这件事在政局发展的研究上是颇值得参考的。”而王芸生说，陈布雷曾多次流露过“弃官投民”，重操报业的想法，但他那份顽固的“愚忠”是不能做到的。他曾亲口对王芸生说：“我如同已经嫁出了的女人，只能从一而终了。”王还说：“他的‘忠’，并非‘忠’于国家，更非‘忠’于人民，也非‘忠’于他的党，而是‘忠’于蒋介石一个人，这样的‘忠’是‘妾妇之忠’。”

其实，王芸生的转变也是多种因素促成的。

从1947年末国民党中央日报“三查王芸生”开始，国民党当局已经公开与大公报“翻脸”，甚至王芸生的人身安全都受到了威胁。既然大公报走自由主义之路为国共两党所不容，今后何去何从，成为必须抉择的问题。

1948年3月15日，在胡政之的努力下，大公报香港版复刊。胡政之在当日大公报港版复刊词中写道：“现在政治的不安，经济的动荡，差不多成了全世界的一般现象。两极端的政治思想热烈地斗争着，相互激荡着，最受苦的是爱好和平、倾心自由的善良人群，这些人的环境与中国民众所处的地位正复相同。”“我们是民间事业，其艰难困苦当为识者所共喻。尽管如此，我们还是本着书生以文章报国的本心，恢复香港版，想要利用经济比较安定的环境，加强我们为国家民族服务。”并说“民国二十七年（1938年）的大公报香港版，只是为了应付抗战的临时组织，这次复刊却是希望在香港长期努力。”

4月27日，胡政之因肝硬化病症加重，回上海治疗，王芸生的压力愈加沉重。9月，大公报驻美记者、中共地下党员杨刚归国。此行，她负有推动大公报做出留在内地，并把中立立场改为反蒋拥共的转变的重大使命。杨刚到上海后，直接住进了王芸生公馆。连续几天的长谈，虽然杨刚没有公开自己的政治身份，但明确承诺：大公报转变立场，留在内地，现有沪、津、渝、港四馆不易名、不换人，原样出版。王芸生明白，杨刚的承诺绝不是她个人所为。继而，曾任大公报社评委员、中共地下党员李纯青也奉命来做王芸生的工作，并且明确告知王芸生："毛泽东主席要我正式通知你，邀请你参加新政协会议"，促使王芸生最终做出了选择，表示"甚愿接受共产党的领导，包括我本人和我所能代表的大公报"。

为了安全北上参加新政协，王芸生决定转道赴会。1948年11月5日，他托辞去台湾旅游休假，离沪飞台。时任大公报驻台湾办事处主任吕德润回忆：

1948年10月，我在台北忽接芸生先生从上海给我写的亲笔但不具名的信，言某日乘机抵台，望接机，勿对人言。我接他下机后，便驱车直驰郊区一家招待所，由我陪住。他说，国民党大势已去，大公报决不陪葬。香港大公报言论方针将配合形势新发展。他让我立即陪他去香港，以免中途出事无人知晓。因为当时汤恩伯在上海正滥肆捕杀学生和进步人士，他如从沪飞港怕被扣留，绕道台湾，如被查获，就说来此视察办事处工作。他还一再叮嘱买机票时不要用他的名字，以免上海特务追踪而至。于是我托台湾航空公司友人，以大公报办事处主任吕某及其随员名义购得机票两张。在机上，我俩都很紧张，直到飞机降落在启德机场，下机远望，在出口处看到港馆同事多人都向我们招手欢迎，这时，我的那位无名氏'随员'才面露笑容。我这位办事处主任后退一步，变成了‘随员’的随员。

王芸生于11月8日由台湾飞抵香港，亲自主持香港版笔政，并撰写了前述社评《和平无望》，成为香港大公报转变立场，靠拢人民的标志。

此时，辽沈战役结束，淮海战役正酣，东北人民解放军攻克山海关，挥师华北，平津战役在即，国统区各地政治、军事、经济形势越发紊乱。以下为大公报1948年11月中下旬部分报道摘要：

11日，徐州外围战事转寂，京卫戍区临时戒严；冀东情势仍堪注视，归绥威胁未能减除；并郊激战国军反击，保定孤悬，空运中辍消息隔绝。

同日，京沪抢粮风潮扩大，首都米店几无一家幸免，饼干厂板鸭店亦遭波及，上海无米可抢饥民抢面；平津院校同声要求，调整待遇配拨煤面。

12日，北平今开始以布易粮，折合率以当日市价为准。

13日，并郊激战未已，上海加强组织自卫队。

14日，北平征兵开始，政府全力督征，限月底完成数额一万人；役政人员不得辞职请假，抗命者或强制入营或加倍缴款。平难民总数十二万人以上，粮食不够，仅收容万人。

15日，徐州市内提前宵禁并大检查，宿县被攻亦成主战场；太原市郊突沉寂，酝酿大战。

16日，碾庄拼杀愈惨烈，一场恶战遗尸多。承德撤守，保定激战，学生大部退集城内。并郊沉寂，空军临空侦炸，平津路军运忙客车误点。军事管理尚无确期，资委会属各厂愈窘，工人要煤面，生产量大减，无原料补充马丁炉停火。

17 日，宿县苦守，南北驰援中；保定外围缓和，东南关国军撤离；并郊激战再起，城外据点拼杀。旅平外侨开始撤离，首批百九十人今搭轮赴青岛。

18 日，北平征兵急如星火，志愿兵昨天抽签，市民纷纷要求缓征；互助小组成绩好组长可以缓征召。察绥军眷两千户移住平津，津市府通令各区代办一万份大饼咸菜，市中停课两周供给食宿。银根奇紧，粮价普跌，天津推出多数存货，市场无人问津，各业均抱挨延观望心理，酿成一泻不止状态。

19 日，为节约囚粮，司法部下令全国各监狱厉行保释制度，凡处五年以下有期徒刑者一律准予保释，唯汉奸、贪污、贩卖毒品及谋杀尊亲属等犯不在此例。北平扩大民众组训，十八至四十五岁的壮丁均须参加，女店员、尼姑、女招待、妓女由女警队分类编队训练。

20 日，乱世怪象，上海医院就诊病人锐减，皆因医药价格高涨，病人负担不起，但近两个月神经患者突增，各医院神经科病房满坑满谷。

同日，收兑法币工作定二十日截止，各种大小法币昨起在平市均告拒收。不少小生意人因无法零售而告停业，市上银根甚紧，故物价未有波动。人力车夫为了拒收法币与乘客时有口角，多将小额法币撕碎，抛弃路旁。

同日，剿总军眷全部迁津，昨到千人暂住市中校内各方招待；傅作义禁止再占学校，拟征用茶厅、球房、咖啡厅、影戏院。

21 日，徐州遭遇猛攻，冀东局势阴沉，保定趋稳定，并郊无大接触。太原各机关团体学校响应紧急动员，已将所有士兵夫役悉数发交各部队参战。公教人员业经依年龄分别编为参战队或助战队，日来已开始分批赴城郊义务劳动，构筑城防工事。役龄壮丁非因公派遣者一律不准出省。东北散兵伤患流落平津亟待安置，南下轮船天天发生纠纷。

21日，北方工矿走投无路，资委会补助杯水车薪无助现实；北大经济奇窘，六次电部催款；库存仅余千圆，修墙工钱都没有，员工薪俸只发两成。

22日，林部陆续入关，辖区已入作战状态，东北难民纷纷归来；今晨零时起华北全区戒严，范围包括平津塘、唐山、密云、张垣、承德、保定之间地区。

23日，保定国军撤出，碾庄苦守待援。入关铁路员工七百余人生活无着，呼吁安置工作。

26日，华北局面仍在演变，北宁线战云密布，大战一触即发；东北共军陆续进关，人心浮动，搬家者日众。华北物资统筹运用，剿总令各机关造册呈报，库存物资禁止自行变卖，调查组即分赴各地调查。

27日，徐蚌二期会战序幕，宿县以南发生遭遇战；并郊激战再起争夺惨烈。

28日，太原东郊连日激战，秦皇岛榆关联络中断．北平决定实行战时体制，平时无关重要工作斟酌停止。

29日，宿蚌之间国军阻击，强大机群临空助战；剿总发表秦皇岛榆关撤守，长城内外空军侦炸；一向安谧之并垣西北开始发生攻防战。

30日，傅作义告平津同胞书，整饬纪律确保治安，冒充军人为非作歹者绝不纵容；彻底取缔不法行为，盼市民检举；警宪尤应负责保障善良人民。

第五章　天翻地覆（1949）

1949年新年伊始，中国的军事、政治局面天翻地覆。军事上，随着东北解放军挥师入关，承德、保定、唐山、张家口陆续解放，华北重镇北平、天津已经孤立无援，陷入重重包围。政治上，一个鲜明对比是，毛泽东发表新年献词，号召“将革命进行到底”；蒋介石发表元旦文告，“愿见中共诚意和谈”。共产党意气风发，胜利在望；国民党假意求和，为之晚矣！

1月10日，淮海战役结束。15日，天津解放，天津大公报随之奉令停刊，连报道迅速来临的北平和平解放的机会都没有了。三个月后，国民党南京政府垮台，继而中国最大的城市上海解放……

70余年弹指一挥间，今天浏览当年大公报最后的报道、言论，仍可以从这张报纸的角度观察这段历史的巨变。

风雨飘摇里的微光

一夜炮声响，迎来一九四九年，各机关奉令照常办公。围城战以来，只有军事机关日夜加班，工作紧张。自卫队大检阅，行列里有人穿制服，多数着便装，一万多人游行过市，整整过了一个钟头。街上行人三五成群，踏着泥浆，绕着沙袋堆成的工事，到处闲逛。商店仍是半开门板营业，繁华中心劝业场，尽管门前堆着重重沙袋，人们照旧向里挤；光明电影院已变为军营，其他娱乐场所仍在奉令停业状态。南开大学即将断炊，教部经费迟迟不拨，借贷为难朝不保夕。市内豪商多南迁，剩下欲走不能、坐守不可的商号，统在艰难局面下挣扎，遑言盈利，即保存原有实力亦属渺茫。尤其非食用必需品，销路更为迟滞。年终发薪，许多工厂拿不出现钞，用厂内实物分配。商号十分之九皆欲裁员紧缩开支，惟事实上皆不易办到，仍须继续坐耗下去，拖到何时，无人能晓。今年元旦，除满街工事和断续炮声外，毫无新气象可言，傍晚一片喊卖晚报声，人们若有所待。

以上是1949年元旦大公报天津消息，同日发表的社评《迎岁之辞》说：

时局演变至今日，大势归趋，虽看法各有不同，然全国民众之迫切的要求却人所共喻，结束战事、实现和平一类的呼声，实在顺乎时势而应乎人心。

今年可能是中国历史的转捩点。一年肇始，我们仅提出两项最低调的意见，也可说是人民大众最低限的要求。其一，求生。就是说，人人都可望有一碗饭。……眼见人民大众刻刻被饥寒、疾病、流离、死亡的种种苦难所威胁，所吞噬，而这种惨象还将继续延长，或更将加甚，却也真是令人心惊的人间大悲剧。……其二，善生。……譬如说，一个人应有其自由权和安全权，即有思想与良知的自由，有抱持意见及收受观念的自由，而不受干涉侵害，……试睁眼一看漆黑冷酷的现实，就明了这些抽象原则，实在如布帛粟米之于人生，真足宝贵，而不可须臾离。……今日中国人民所遭的苦难，自有其历史累积的原因；而烽火漫天，国脉民命，同受斲丧，自然更是苦难的加工。……唯有艰苦努力，忍耐步趋，然后可终达于光明自由之路。

同日，蒋介石发表新年文告，大公报刊出时，用这样的标题概括了其要点："愿见中共诚意和谈，谓和战关键不在政府，个人进退绝不萦怀，如中共坚持决与周旋。"一面曲意求和，一面"大义凛然"，读者分明看出是在"表演"。

2日，大公报再发社评《新年的新希望》：

民国三十七年是我们痛苦最深、失望最甚的一年。……剥极则复，否极泰来，殆为定理。今兹新年，应有新的期望。……我们期望“民”字的真义今年将为主宰国族命运的人们所认识，一切决策措施必须把民意作出发点，……没有了民，或是违反民意，失掉民心，那主宰国族命运的人们也将无从主宰，无所主宰。不认识“民”字真义的人，即是自绝于人民；自绝于人民，即将不能自存。我们提出这个期望，是基于现在民不聊生的直觉，也是对于主宰国族命运的人们的诤言，绝非无的放矢，也非刻意苛求。

同日，北方部分“国代”开会，通过致蒋介石电，拥护其元旦文告。此时此刻，“国代”们这样的“拥护”，如果不是刻意“表现”，就是执迷不悟了。

3日，大公报以《津门艺人末路》为题的一篇报道，倒是为“国代”们所称的“人民倒悬”提供了一个实例：

各娱乐场所停业已使杂耍艺人生活大起恐慌，闻名平津的小蘑菇、赵佩茹、高德明、王长友、三蘑菇等不得不降格“撂地”说起相声来。在胜利桥摊贩市场尽头的空地上，十位名艺人摆下阵势，每天下午轮流“登坛说法”，在零度以下的寒风里，依然竭尽嬉笑怒骂之能事。因为天冷，听的人并不多。十个人一下午不过敛个四五百圆。每人也就只分到五六斤棒子面钱。有人以为这些艺人总会有些积蓄来维持生活，实际上几年来都弄到山穷水尽了。不知多少艺人已经改行做小买卖，甚至饿饭了。

战局沉滞，市民注意力转往物价。玉米面八圆一斤，大白菜六圆多，一个煤球价值一角，鸡子十圆一枚，月拿三百多圆的小公务员，等于每天赚一枚鸡蛋。市内工事仍在积极构筑，许多交通要道亦设有栅栏门及沙袋，三轮车东绕西绕，仍难免钻入死胡同。流落街头的破家难民加多，全家偎坐路旁，厥状甚惨。

4 日，平津空运短暂恢复，大公报北平办事处拿到了围城之后天津发来的第一批邮件，此前平津断邮已达 22 天。天津还传来一个令人哭笑不得的消息：一架来自青岛的飞机落地天津，旅客甫下飞机，郊外突闻炮声，飞机竟顾不得卸下旅客行李，旋即升空飞返。

平津战役是国共决战的重要一环，天津与北平的解放又是这次战役中完全不同的两种方式。作为中共的第二条战线——隐蔽的地下活动，在这两种方式的实施过程中都发挥了不可替代的作用。解放军平津战役前线总指挥刘亚楼在总结战役胜利时，曾特别提到，“……地下党做了大量工作。没有他们，我们也不会这么快就取得这么大的胜利。”这其中，隐蔽在天津大公报里的中共地下党员同样功不可没。

时任华北“剿总”司令傅作义的女儿、中共地下党员傅冬菊，以大公报编辑为身份掩护，从其父那里获取情报，劝导其父弃暗投明，促成北平和平解放的故事，现在可谓家喻户晓了，无须赘述。这里说说大公报里的其他中共地下党员。

大公报社训“四不”中，第一条就是“不党”，即“不允许员工公开参加党派活动，也尽可能不结怨于任何党派。”但在现实中，特别是在中国两种命运的决战中，这是不可能做到的。事实上，大公报员工中有不少中共地下党员。

大公报北平办事处主任徐盈、记者彭子冈夫妇，都是 1938 年入党的中共秘密党员。子冈的弟弟彭华，早年投奔延安，1946 年军调期间，作为中共代表团工作人员一度到北平。子冈采访报道军调新闻，姐弟俩多有往来。徐盈夫妇公开的进步活动，在大公报的报道中可见表现（徐盈报道延安行、子冈报道张家口，以及他们对军调的报道，都曾引起国民党的注意；军调失败，彭华撤退回延安，子冈在大公报发表小说《惆怅》，公开怀念在解放区的弟弟，也曾引起舆论关注），但他们的秘密活动，却几乎没有留下文字记录，连他们的儿子徐城北所写《子冈小传》，对此也是一带而过。这里只能就笔者所知，从侧面略述一二。

早在20世纪20年代，大公报记者吴研农就是中共地下党员（1949年以后曾任中共天津市委秘书长），其身份暴露后，是胡政之资助其逃往日本的。抗战期间，特别是内战时期，大公报员工中有了更多的中共地下党员，其中有些人成为1949年以后北京大公报的领导骨干。

1948年末，平津围城已到最后阶段。12月30日晚10点，大公报北平办事处突然遭到国民党特务搜查，在场人员被扣押，禁止外出，亦不准与外界沟通信息。由于“许进不许出”，第二天，连华北“剿总”副总司令邓宝珊派来请徐盈赴宴的副官也被扣押了两个小时。徐盈作为办事处主任提出了抗议，华北“剿总”的朋友也赶来解围，说明此事与“剿总”无关，并愿出面斡旋。如此60个小时，直到1月2日中午，办事处同人才重获自由。但大家始终不知道犯了何种“罪名”。

事后知晓，这次出动搜查的是北平警备部稽查处，背后指挥的却是军统。据说，他们得到情报，刚刚被查封的上海《观察》杂志主编储安平秘密到了北平，住进徐盈家，因此寻踪而来。

与徐盈、子冈在北平的秘密活动比较，大公报天津馆内的中共地下党，由于形势的需要而活跃得多。其中，杨邦祺、李光诒、傅冬菊为主要人物。

杨邦祺，又名李定，1947年加入中共，同年毕业于北京大学经济系，入天津大公报任财经记者，是大公报中共地下党负责人，也是当时中共天津市工委成员。他利用与天津工商界打交道的关系，重点做以李烛尘为代表的上层人士的工作，通过他们的名望，影响更多的人，并且从中获取各种信息。

李烛尘是中国工商界知名领军人物，业界尊称“烛老”。他与范旭东、侯德榜共同创办的永利碱厂、久大精盐厂以及黄海化工研究社，并称“永久黄”，是当时中国最大的化工实业团体。他还是中国民主建国会的创始人之一，与中共元老林伯渠、董必武等是好友，其长子李文采就是中共党员。他与大公报的关系，早在重庆时期就很密切，经常在大公报上发表政见。抗战胜利后，李烛尘回到天津，领导接收和复员久大、永利的工作。他对蒋介石忙于打内战，在经济政策上“偏枯北方”深为不满，带头为北方工商界呼吁，要求共存。大公报曾多次发表他的见解，并配以社评呼应。这其中，李定发挥了积极作用。

1979年3月，徐盈在给张高峰的信中谈及天津文史资料问题时，还特别写道：“……关于天津解放时期李烛尘的作用问题，据说当时李定对烛老做了大量工作，李烛老当时拉住一部分‘立委’，大喊‘北方偏枯’论；新中国成立前夕，李坚持不动，做了一些促进工作[①]。”这段话，清楚地说明了李定当时所做的工作。

1949年以后，李烛尘曾任国务院轻工业部部长、全国政协副主席，李定先后出任中共天津市委统战部部长、中共中央统战部副部长、全国工商联第六届执委会副主席。

李光诒，复旦大学新闻系毕业，1946年年初入职重庆大公报做

① 指李烛尘劝降国民党天津警备司令陈长捷、市长杜建时等，惜未成功。

记者，1947 年 6 月，与曾敏之等七位大公报记者一起，被国民党以“煽动学潮，共党嫌疑”拘捕。同年秋调天津大公报做编辑。1948 年底，国民党天津守军换防，李光诒利用他与国民党驻天津华北联合后勤支部支部长秘书李贻亮的亲戚关系，说服李贻亮为地下党工作，拿到了国民党调整后的兵力、装备部署以及军需供应等情报，并且通过李贻亮策反了那个少将支部长，在陈长捷最后下达命令炸毁联勤支部所属仓库时，取得支部长批示“贻亮处理”。李贻亮借故拖延，最终把装满军用物资的仓库完整地交给了解放军。1949 年以后，李光诒曾任北京大公报副总编辑。

傅冬菊作为中共地下党员，原属中共中央南方局领导，侧重于地下学运工作，她的联系人是当时的天津地下学委、南开大学地下党总支书记刘焱。在傅冬菊负责的版面上，教育苦况、反蒋学潮都能够翔实报道，支持了进步学生的斗争。平津战役前，为了动员各方面的力量稳住和争取傅作义，傅冬菊成为最佳人选，南方局决定把她的组织关系转到华北城工部，大公报的杨邦祺成为她的联系人。

傅冬菊如何做其父傅作义的工作无须赘述，她的丈夫周福成与大公报也有关系。周是南开大学外文系的地下党员，刘焱的“下线”，曾与傅冬菊一同工作。学生活动的消息会通过周福成送到大公报，地下党要粉碎当局迫害学生的企图，也会通过傅冬菊转周福成传递、应对，以保护学生。后来，为工作方便，周福成的组织关系也转到了大公报杨邦祺的领导下。他的社会身份是北平《平明日报》驻天津特派员，于是与许多大公报人成了朋友。周福成后改名周毅之，是人民日报派驻香港的首席记者。傅冬菊后改名傅冬，晚年与丈夫定居香港。19 世纪 80 年代，他们与张高峰通信时，还曾遥忆当年，世事沧桑，慨叹不已。

谈到大公报的中共地下党对平津战役所做的贡献，不能不说到时任天津大公报总编辑张琴南。张琴南加入大公报虽晚于王芸生，但年龄和新闻从业经历却都长于王，因此，很早就被同人尊称为“琴老”。他虽属无党派人士，但思想开明，同情革命。抗战胜利后他主持天津大公报，签发了许多揭露国民党黑暗、腐败统治的稿件，并经常发表自己撰写的社评（大公报各版并不全部转载沪版社评，大多由各版根据实际情况自己撰写），表达进步观点。对社内进步记者、编辑（他无从确认谁是共产党）的活动，也采取了暗中保护的态度。内战末期，天津馆成为大公报各馆中隐蔽中共地下党员最多的一个，应该说与张琴南的开明有很大关系。1949 年以后，张琴南受到了中共的礼遇，先后出任改组后的《进步日报》总编辑、天津市政协副主席兼民政局局长，惜于 1956 年过早病逝。

需要澄清的一个问题是，某些有关大公报包容中共地下党员的文章中说，大公报的负责人明明知道他们的身份，却采取了“睁一只眼闭一只眼”的态度，也并非事实。在目前能够看到的史料中，还没有一位新记时期大公报人（包括曾经的中共地下党员）的回忆中有共产党公开活动的内容，其身份自然更不可能暴露。在大公报发展或安排地下党员，是为长远积蓄力量，或者仅为身份掩护，并没有在大公报内部“闹革命”的要求。况且，季崇威回忆明确说：“上海大公报内虽有几个中共党员，但都各自与不同的上级单线联系，相互间并不了解。为了安全，也不许他们横向联系。”党内尚且如此，何况党外人士？如果说大公报负责人包容了共产党人，也只能解释为他们“偏左”的政治倾向和“用人之长”的经营之道使然，客观上起到了掩护作用。

旧大公报的新生

1949年1月14日上午10时，解放军对天津发起总攻，29个小时即结束战斗，国民党守军被全歼，天津警备司令陈长捷、天津市市长杜建时等被俘。

战役开始后，大公报津馆总编辑张琴南和部分编辑、记者一直坚守在编辑部。由于国民党宣布全市戒严，他们只能通过电话向关系方面打探消息，准备第二天出报的稿件。这时的天津大公报，已经减版两个月。由于铸字铜模被运走，印刷用白报纸又断供，1948年11月16日，报纸从对开一张半六块版减为一张四块版；12月18日，平津间电话间有线电话中断，无线电报也不稳定，北平办事处的消息来源骤减，报纸不得不再减为半张两个版。订户也从两万多减至四千。

大公报所在的四面钟地处市中心，距离国民党守军陈长捷的司令部不到一公里，炮轰时，大公报附近就有两处被炮弹击中：一处是位于中原公司（今百货大楼）旁边多伦道口的正中书局被摧毁，另一处是与四面钟一街之隔的银行储蓄所，所幸大公报无恙。

重炮轰击停歇后，接踵而来的是枪声密集的巷战。14日午夜，大公报突遭一队国民党军败兵强行进驻。只是这些败兵已经毫无斗志，为了逃命自动解除了武装，后来还是被搜查的解放军押走了。大公报同人开始赶写战报，张琴南撰写社评。那天的报纸只有半张两个版，由于停电，是印厂工人们用手摇平印机一张张印出来的。15日清晨，因为战事未停，平日里等在门口批发的报贩们都没有出现，沿街叫卖的报童也不见踪迹，大公报人自己在门前摆出条案，临街出售。当时，他们谁也不会想到，这竟是新记大公报在天津的“绝版”。

天津解放第二天，解放军逮捕了时在天津闲居的国民政府兵役部长鹿钟麟，不过，四小时后又把他释放了。这则先擒后纵，阶下囚变座上客的“新闻”，却是32年后的1981年才由张高峰披露。

天津解放时，鹿钟麟的住所楼下租给了一家公司。16日上午，来了几位解放军要求租房子，那家公司的职员顺口说，你们问问楼上的鹿部长吧。这下泄露了“天机”，解放军立刻上楼，抓走了“潜伏”的鹿钟麟。正当鹿夫人后悔“当初一走了之，何致今日之灾”的时候，鹿又坐着带走他的那辆吉普车回来了，陪送他的人还彬彬有礼地与之道别。原来，鹿钟麟在接受审问“你为什么没有逃往南京”时，他明确回答：“我不想给蒋介石陪葬，决心在天津等待解放。”天津方面显然请示了北平，才迅速释放了他。

1949年1月15日的半张天津大公报，成为它在自己发源地出版的最后一期，上面印着：第16246号。天津大公报停刊，何去何从，谁也不知道。一月下旬，中共中央派杨刚、孟秋江、宦乡到天津，宣布对大公报进行改组。

杨刚、孟秋江都曾是大公报记者，宦乡也曾为大公报国际评论作者，因此与报馆同人都比较熟悉。他们与馆内刚刚公开身份的中共地下党员徐盈、子冈、杨邦祺（李定）、李光诒等一道，负责领导大公报的改组工作。李纯青随后赶来天津。

从2月3日开始，报馆编辑部人员（后来扩大到全体职工）以联谊会或分组形式，学习共产党的政策，检讨大公报的过去，重点为揭露和批判旧大公报的政治立场与宣传手段，许多人都做了发言和自我检讨，并且研究如何改造大公报。

2月19日，召开全社职工大会，通过决议，决定将天津大公报改名为《进步日报》；选举张琴南、杨刚、宦乡、徐盈、孟秋江、李纯青、高集、李光诒、彭子冈等九人组成临时管理委员会，作为报社最高权力机关，同时建立了报社党组织。

1949年2月27日，天津《进步日报》正式创刊，成为解放区出现的第一张“民营”报纸，但它既不同于新中国成立前的私营报纸（有中共党的组织，接受中共领导），也有别于新中国成立后的各级党的机关报（自负盈亏，没有政府补贴）。虽然它的人员大多是旧大公报原班人马（后来又吸收了部分其他民营报纸的旧人员），但与当时还存在的大公报沪版（总管理处）、渝版、港版都没有关系了。

值得一提的是，人们非常熟悉的一幅传世摄影作品——1949年4月，毛泽东在北京香山双清别墅凉亭中读报的照片，手里拿的刊登“南京解放”消息的报纸，正是新生的天津《进步日报》，照片出自著名摄影家徐肖冰之手。

天津大公报走向光明的时候，远在西南的重庆大公报正遭受国民党当局的“控告”。

1949年1月10日，重庆大公报接到地方法院传票，要发行人

（经理）王文彬到庭受讯，案由是“违反出版法第二十一条及国家总动员法第二十二条，应负出版法第二十八、三十二条及妨害国家总动员惩罚暂行条例第八条治罪之责。”此案原告是国民党重庆市政府社会局，背后实际上是重庆绥靖公署。

1949 年 1 月 19 日，香港大公报刊登重庆通讯，披露重庆当局控告大公报是“欲加之罪岂无辞，以卑劣手段打击民间报”。通讯写道：

在重庆，报纸、杂志、通讯社于政协时期曾蓬勃一时，后因大局俶扰，这盛况也因而变成过眼云烟了。重庆的文化水平愈来愈低落，几家报纸虽然照常出版，强撑腰杆为社会服务，但其窘境不堪言状，既要应付当前的经济逆流，又要适应当前的政治环境。报人常为别人呼冤，自己的辛酸泪却只有往肚子里流。就这样，政治环境还不能允许，警告是常有的事，停刊也时有可能。

一九四七年六月一日大捕重庆新闻界人士以后，重庆的报纸就黯然无光了。我们读报的人永远不能得到满足！我们觉得重庆的报纸，对于担当“人民喉舌”的资格大有问题了。但是，我们却哪里知道他们的苦衷？直到最近，我们才了然重庆的处境了。……

重庆方面，王文彬聘请律师出庭辩护，同时托人向承办此案的法官陈诉。法官说：“这个案子是‘上面’交办的，我不敢宣判大公报无罪，但我有权拖延判决。王文彬对法庭传讯必须随传随到。不要避不到庭，也不要完全依靠律师辩护。我有权多开调查庭，可以迟迟不判决。”王文彬依计而行，几乎每次开庭必到，这样拖延了半年，结果不了了之。

那边与当局打官司，这边照样出报、发声。1949年1月14日，中共中央主席毛泽东发表关于时局的声明，提出与国民党政府进行谈判的八项条件。16日，重庆大公报全文登载了毛泽东的声明。21日，蒋介石宣布引退，由副总统李宗仁代行职权。22日，重庆大公报社评说："蒋总统是全国陆海空军最高统帅，当然不能诿卸内战的大责任。""现在，打了三年，旧的腐败崩溃，不可收拾；新的蓬勃而起，锐不可当。中国大势已注定了要新陈代谢，无法强阻。"

重庆大公报面对"控告"不仅没有"收敛"，反而依然发出了公开宣传共产党主张和批评蒋介石的新闻、言论，国民党当然恼火，不能再容忍大公报了。

5月27日晚间，国民党重庆警备司令部稽查处派出大批特务，将大公报重庆馆包围，继而大肆搜查。次日清晨，以"泄露军事机密"和"通共"罪名，将编辑主任顾建平逮捕入狱，后又转押白公馆集中营。同时，大公报驻宜昌记者黄勉之、驻昆明记者严达夫亦被逮捕。（后经报社营救和重庆文化界、新闻界联名抗争，顾建平被关押140天后才恢复自由。）

压迫继续升级。8月15日，国民党行政院电令西南军政长官公署立即查封重庆大公报。公署代参谋长刘宗宽是王文彬的陕西同乡，也是朋友。他最先看到电报，当日即到王文彬家中告知消息，王文彬立即组织人员连夜把报社的重要物资转移，并且给员工提前发放了工资，以备万一。

在新记大公报（1926—1949年）23年历史上，重庆大公报有独特贡献。抗战爆发后，大公报先后舍弃了天津、上海、汉口、香港、桂林五个分馆，只有重庆馆坚持下来，成为硕果仅存的一枝独秀，也成为当时国内舆论"重镇"，发行量最高达9.7万份，超过当时重庆各报发行量的总和。

国民党几经反复，决定暂缓查封重庆大公报，转而要求其改变态度，登报公开声明拥护国民政府的反共政策，不说有损于政府的话，等等。王文彬既要考虑维护报纸生存，又要坚持原则，想应付了事。但张群不满意，要求王文彬重写一篇个人署名的文章表态。此时，全国已大部解放，四川也惶惶不可终日，王文彬便一再拖延下去。国民党遂决定强制劫收。

1949 年 9 月 17 日，国民党当局委派彭革陈（曾任国民党中宣部新闻事业处处长多年）为社长兼发行人，唐际清（时任国民党中央社总社编辑主任）为总编辑，率领数十人接管了重庆大公报，同时逼迫王文彬“辞职”。18 日，“伪大公报”刊出所谓《本报改组启事》，公开宣布拥护“戡乱”。同日，国民党中央社报道，声称“大公报在渝董监会商，决定与总管理处脱离关系。”事实上，大公报总管理处设在上海，重庆根本没有一个董事，所谓“会商”纯属捏造。

11 月 30 日，重庆解放，“伪大公报”停刊，共出版 74 天，成为一场闹剧。大公报重新恢复后，出版至 1952 年 8 月，后改组为《重庆日报》至今。

国民党的统治摇摇欲坠之际，大公报以上海为总管理处，在四地分别出版，合计发行近 20 万份。

在大公报沪版元旦社评《展望中华民国三十八年》中，充满了对即将诞生的新中国的美好憧憬：“那过去的是战争的痛苦，人民的磨难；这到来的应该是和平、民主、自由、平等、进步与繁荣的新中国。……应该不折不扣地属于人民了……再不是一个少数人为主而四亿五千万人民为奴的国家了。只要人民真正做了国家的主人，这个国家就必然走上和平、民主、自由、平等、进步与繁荣的路。”

尽管平津、淮海都在作战，但蒋介石仍在假意要求和平谈判。事实上，这个仗他也确实打不起了，再打下去，必败无疑。

1月21日，在内外压力之下，蒋介石宣布引退，由李宗仁任代总统。次日，香港大公报发表社评《蒋宣告引退》，文中说："引退的方式应该是下野，不是且战且退地转移阵地。""若远走高飞，不再问国事，是他聪明；他若走到台湾，摆小朝廷的摊子，那就还有是非，他个人悲运还往下演。"

23日，李宗仁发表文告，表示要谋取和平。此后，上海大公报的报道、言论都明显发生变化：

3月6日，转发新华社五日短评《注意国民党反动派布置新战争阴谋》，揭露"蒋介石已表示拟借李宗仁和谈，争取三个月到六个月的时间，以实现编组四百个师二百万人的狂妄计划。国民党死硬派的这个计划，已经是公开的秘密"。

3月9日，社评《孙内阁辞职》，列举寿命仅两个半月的孙科内阁先天不足，对和平工作并没有切实地做，也没有什么表现；行政院的迁穗与孙氏的南行，引起了许多不安的因素；孙氏上台后，派他儿子以美缺；孙内阁的组成分子没有能符合一般人理想，孙内阁垮台的原因，也很多自取。

3月16日，据悉，巡洋舰"重庆号"已逃往中共区域。①

3月25日，中共曾开全会，着重讨论工作重心由乡村移到城市。②

3月26日，中共总部移北平，毛泽东等昨天到达。

4月3日，傅作义一日通电，内称："我们在执行所谓戡乱的政

① "重庆号"起义是在2月25日，3月19日被国民党空军炸沉于葫芦岛海域。

② 指中共七届二中全会。

策，每天说全是为人民，而事实上，一切问题却是剥削摧残和压迫人民。……中国人民民主事业是以中国共产党的领导工农联盟为基础，而且全国各民主党派、国民党的进步人士和全国各民主阶层共同奋斗，这已经是大势所趋，人心所向。”

4月4日，转发新华社社论《南京惨案与和平谈判》：“南京学生惨案再一次告诉了中国人民，希望国民党战争罪犯放下屠刀，乃是不可能的事情。”

4月6日，转发新华社《南京政府向何处去》：“我们还是愿意签订这个协定。南京政府及其代表团如果也愿意这样做，那么就得在这几天下决心，一切幻想及一切空谈都应当抛弃了，人民解放军就要进军了，一点犹豫的余地也没有了。”

4月25日，北平中共广播，人民解放军已经渡江，解放南京；南京秩序恢复，民众拥在街头看共军入城；学校继续上课，邮电亦正常。又，太原前线24日讯，太原已经在今天上午十时全部解放，守城敌军全部被歼灭。[①]

大公报立场的变化，触怒了国民党。4月28日，国民党上海市党部头子方治，在所谓“宣传指导会议”上对大公报当时的主持人，代总经理曹谷冰当面威胁说：“大公报如不马上改正过来，我就枪毙你。”

5月5日，李宗仁抵广州，发表书面谈话，妄称“盼中共临崖

① 太原破城前，阎锡山信誓旦旦地说：“阎某决心死守太原。如果失败，誓与同志会基干（主要为县团级以上骨干）共同成仁。”1949年3月28日，他还曾口授电文，向美国政府求援，内称“如能支持十万日军俘虏，拨飞机二百架，归阎某指挥，定可横行华北，扑灭共产军。”然而，阎锡山口是心非，3月29日下午，即借口李宗仁电召赴京商讨和谈事宜，带领少数侍从乘飞机逃往南京，结果一去不返，彻底结束了他对山西38年的统治。

勒马，如必始终用兵只有坚强抵抗。”21日，李宗仁又发表告同胞书：“目前政府的军事形势，无疑的相当恶劣，……在广大群众的支持之下，相信必然可以获得最后的胜利。”

然而，人民解放军势不可当。5月26日，大公报报道，上海解放，市民热烈欢迎自己的军队。大公报即转载中国人民解放军惩处战犯命令，同时发表社评：

我们应该感谢解放军。战事迫近市区之后，人民解放军没有向市区发炮，避免向市区射击，他们承当国民党的海陆空三面火力，将牺牲留给自己，把幸福带给人民。这种伟大英勇的精神是中国历来军队所没有的，同时也反证了国民党反动军队是如何的凶残恶毒！这样的军队经过彻夜战斗，进入市区以后，鸡犬不惊，片物未扰，不进民房，不拉民伕，躺在路边休息，绝不随便接受人民慰劳，……这样的战士，真是中华人民伟大的儿女，他们保持了并且发挥了中华人民伟大的品质，真令我们感激兴奋，我们欢呼万岁！……上海解放了，这里面包含的意义十分重大，意味着中国从此走上民主自由的大道，获得独立自主的地位。人民的血汗精力所灌溉培养起来的上海，从此复归于人民。中国新生！上海新生！

5月27日，王芸生、杨刚回到上海。6月17日，上海大公报发表由王芸生执笔的《大公报新生宣言》：

大公报始终维持着一种改良主义者的面貌，它在中上层社会中曾有一定影响。……当人民革命浪潮已把反动势力震荡得摇摇欲坠之时，……今当新生，提高警惕，痛感责任，勖勉前进，努力为人民服务。今后的大公报，从经济的观点说是私营企业，而在精神上是属于人民的，今后大公报的方向是新民主主义的，是走向社会主义的。

新中国成立了，旧大公报完成了它的使命，[①] 中国历史掀开了新的一页。

① 1953年年初，根据中共中央的指示，天津《进步日报》停刊，与上海大公报合并为新的大公报，先在天津出版，1956 年迁京，确定为中央财经系统的专业机关报，兼及国际报道。1966 年，北京大公报停刊，彻底结束了它在大陆的 64 年历史。唯有当时中共港澳工委领导的香港大公报至今仍在出版。